65歳からの長寿の家のつくり方

74のこだわりポイント

建築家
天野 彰
Amano Akira

さくら舎

はじめに

老いを迎えるときには、明るい、愉快な計画を含んだ本を、手元に置いておくことが必要である。夫婦二人だけで、老いの生活をどのように楽しく暮らしていくか。それを現実に考えている人は、じつは少ない。

抜け殻のような暮らしではなく、そこそこの暮らしでもなく、ぎっしり喜びと楽しみと安心のつまった暮らしのためには、何をどうしたらいいのか。

老後のための家をつくる、ないしは自分たちの生き方にあったリフォームをする。家を生まれ変わらせる仕掛けをする。これが、この本の主張する明るい、愉快な計画である。

踏み切ったとたんにわかる。

家をつくる興奮ほど、人を若返らせるものはない。

すでに夫婦二人だけで老後の生活に入ってしまっている人の多くは、いまだに子どもたちがいるときと同じような生活をつづけている。子どもたちの部屋もそのまま、寝室もリビングもダイニングもそのときのまま。

夫は会社に行かず、ずっと家にいる。たまに同僚や友だちなどと連絡をとりあったり、ゴルフなどに出かけたりする。子育てのときと同じ住まいで、同じパターンの生活を継続している。これでは、ますます生活が消極的になってしまう。

誰もいない二人だけの生活が、すでに始まっているのである。この水入らずの日々を、人生経験ゆたかな二人にふさわしい、素敵なものにしていかなくてはもったいない。

最後の贅沢(ぜいたく)をしよう。

家をつくろう。

いちばん素敵な未来をまねく家づくりの具体的なポイントは何か。それをキメ細かく考えていきたい。何に困るだろう。何が楽しみとなるだろう。想像力を全開にして、これからはじまる暮らしのラフスケッチを描いてみよう。

まず、ハードの面から考える。一つは安全。なにはともあれ、**安全でなければならない**。次に**安心が大切**。家族が多いときには心強かった。しかしいまは年老いた自分と妻だけで、用心の問題が非常に大きい。すでにそんな事件も多発している。

玄関には、自動点灯する明かりをつける。センサー付きで、人が近づいたりするとポッと明るくなり、玄関ポーチにも明かりがつく。朝になるとセンサーで消える。外から見えるリビングの窓辺にもタイマー付きのものを置けば、夜になると室内のスタンドがつくというしゃれた防犯方法もある。

ホームセキュリティサービスを頼む夫婦もいれば、もっと単純に、出先から、家の留守番電話に行動を録音しつづける夫婦もいた。留守番電話が応答すれば、家は燃えていないと確認できる。

自分たちの日常や行動を子どもたちにＬＩＮＥで知らせておく。もし旅先で事故などがあったとき、それに出くわしていないか、子どもたちは心配する。いまどこにいるか、何をしているかがわかっていれば安心である。


老いの暮らしはずぼらになるから、**便利さが必要**になる。疲れたときや、病(やまい)などで雨戸を開け閉めするのもめんどうになる。朝起きたとき、寝床からボタンを押すと窓シャッターが一気に上がる。朝のまぶしい光が入ってくる。よし、今日も元気に暮らそうという気になる。電動窓シャッターには、そうした元気の効能がある。

2階をつくるときには、どうしても階段の上り下りが必要になる。階段をゆるくし、手すりをつけても、もしものときの対策が必要である。ホームエレベーターを取り付けてはどうか。最初からつける必要はない。足腰が弱くなったときにつけられるように、構造スペースをとっておく。

最初からつければ工事費が割安になり、引っ越しのときにはおおいに役立つが、足腰がしっかりしているうちは、頑張って使わないようにしたほうがよい。


次にソフト面。いずれは、同居したほうがいいかなと思うときがくる。**プランに工夫が必要**である。同居も可能な伸縮自在の間取りにしておく。たとえば、自分たちは2階に住み、1階を貸家にする。家賃は自分たちの収入になるし、いよいよというとき、子ども家族と同居することもできる。1階の貸家を彼らなりに改造して拡張して住めばよい。

若いときはすべてが刺激的だが、だんだん年をとるにつれて刺激は少なくなってくる。**毎日の生活にいかに刺激をあたえるか**。自然とともに生きる田舎の生活と、小スペースながら都会の生活をとりまぜて暮らしている人もいる。

ある70代の夫婦は、郊外の自宅とは別に都内にワンルームマンションを購入し、土日に出かけていっては、話題の映画を見て感激し、展覧会を楽しみ、月曜日には大病院で診察を受けて帰る生活をしている。

　こういう生活には、人が訪れてくるという刺激が大切になる。郊外の自宅はそのためにリビングをサロン風にしてある。友人たちが集まってくるように考えたのだが、娘、息子たちも来て滞在する。孫たちの成長も愛(め)でることができる。

　夫婦共通の趣味をもつことができたら楽しい。夫婦二人で俳句をつくったり、仲間と句を交換しあったりする。あるいは、俳句仲間を家に呼んで、みんなで句会をする。どんどん友だちの輪が広がり、想像しただけでもうきうきしてくるではないか。

　夫の囲碁(いご)・将棋の趣味に妻を引き込んでもいい。シニアの間で健康麻雀(マージャン)がはやっているというが、二組の夫婦が集まればメンバーはそろう。サークルができればさらに仲間が増え、**交友が広くなる**だろう。

　夫をふくめた料理教室もさかんに催されているようだが、ここでトレーニングしておき、グループができれば、そのメンバーはいざというときの強い味方になってくれるだろう。

自分が、困っている人の味方として駆けつけることもできる。

隣近所に限らず、友人・仲間を一人また一人と増やしておく。これは楽しみでつながる友だちであり、おしきせではない。これが、本当のコミュニティかもしれない。


夫婦で楽しく暮らしてきても、一人になるときがくるのは、避けられないことだ。連れあい亡き後のさびしさを解消してくれるのは、趣味仲間である。交際を広げていける間取りや工夫が必要である。

夫を亡くした妻は、自宅に同世代向けの料理教室をひらいた。お弁当をつくりましょう、中華弁当にしましょうかと、みんなでおしゃべりをしながら料理をして、楽しく食べる。それを近所の人たちにも配った。

食事を楽しむことは、生きている証拠だ。そのうえで、ボランティアにもなり、生きがいとなっているということだ。

私も、いま住んでいる家をリフォームする際、リビングダイニングをステーキハウスにしてしまった。自宅に人を招いて食事するのが好きだからつくったのだが……たぶん、妻より私のほうが先に逝ってしまうことになる。

そこで私亡き後、このステーキハウスがたくさんの人を呼び寄せることになると思う。そうすれば、妻はさびしさを紛(まぎ)らわせることができる。

玄関に「ステーキハウス天野」と看板を出してもおもしろい。「スナック天野」なら人が集まりそうだ。そのころは妻も年をとっているだろうから、「お茶漬けアマノ」といったところもありか……。

天野(あまの)　彰(あきら)

目次　65歳からの長寿の家のつくり方　——74のこだわりポイント

第1章　65歳から夫婦二人で愉しく暮らす

第2章　健康・快適・便利な家づくり

木の家

風通し

バリアフリー

トイレ、洗面、浴室

キッチン

リビング、ＬＤＫ

寝室

玄関、廊下

外周り、エクステリア、その他

第3章 プラスを増やす建築マジック

狭さを広さに

明かり、色彩

二世帯住宅

減築、中庭効果

収納、その他

第4章　家でいきいき暮らすためのひと仕掛け

65歳からの長寿の家のつくり方

——74のこだわりポイント

第1章

65歳から夫婦二人で愉しく暮らす

① 住む人を守る堅固な殻、長寿の家の条件は2S+3F

どんなに興奮する旅行をしても、それに勝るものが一つある。息をのむ絶景を見て、楽しい観劇をし、おいしい食事にうっとりして、大好きな名画を鑑賞して、次から次へとあれこれ堪能して、最後にたどり着くのがわが家。

ほっとするのは、居たいだけここに居ていいからだ。誰にも追い立てられず、スケジュールにもせかされず、人目も気にせずに。やわらかい心の肌を、過度の緊張で傷つけるものは、ここにはない。**主人公である自分たち二人を守る殻、それが家なのだ。**

住まいには、まず初めに考えるべきことがある。殻が堅固であること。安全。安心。快適さ。心地よさ。どれも生きるために、なくてはならないものである。堅固な殻は、それをあたえてくれる。

堅固な殻の条件。家が家であるための条件ともいい換えられるが、5つある。その条件を、私は「２つのＳ」と「３つのＦ」と呼んでいる（**図1**）。

2Sは、セルフディフェンスとセルフサポート。セルフディフェンスは自衛、自力で自分を守れること。あらゆるものから守れる家でなければならない。もう一つはセルフサポート。自力でできる暮らしを実現する家でなければならない。

3Fは、メンテナンスフリー、バリアフリー、ケミカルフリー。家が安心であるための素材、構造の条件である。これらがあってはじめて、安心できるねぐらとなる。

●セルフディフェンス

耐久性と強度のある、しかもデリケートな家。この２つの要素をともにもって、はじめてセルフディフェンスが満たされる。

温帯モンスーン気候で、地殻はいくつものプレートがギシギシ押し合っている上にいる日本は、災害といえば、まず台風と地震だ。近年はゲリラ豪雨などもある。大雨、大風、浸水、縦揺れ、横揺れ。この**自然災害からわが身を守るためにも、びくともしない強度があり、しっかり耐える力があること。**

図1　長寿の家の条件「２Ｓ＋３Ｆ」

2S

セルフディフェンス：耐久性と強度がありデリケートな家

セルフサポート：健康維持ができる家

3F

メンテナンスフリー：耐久性の高い素材

バリアフリー：段差と影の対策

ケミカルフリー：自然素材で健康に

室内にも自衛が必要だ。特に寝室は家具や物が倒れてこないようにすることが大切。**造りつけの収納は**収納量が多いだけでなく、**地震対策としても有効**だ。

自衛しなければならないのは、それだけではない。犯罪や事故もある。それに対処するセキュリティ。これも大切な自衛の条件だ。侵入者や火や煙、ガスなどの異常に敏感に反応する家。さまざまなセキュリティシステムを検討する必要がある。

外敵ばかりではなく、自分の危険も想定しておく。体の具合が急に悪くなったときの、通報システムも考えておかねばならないだろう。弱さに対する感じやすさ……堅牢でありデリケートとは、そういう意味だ。

見逃せないのはドア。**ドアはなるべく引き戸にしたい。引き戸は安全で、年をとってからも楽だ。**地震でドアが開かなくなりトイレに閉じ込められた話もある。

引き戸なら、いざというときには蹴破れる。開き戸は蹴破るのがむずかしい。

●セルフサポート

考え方の基本は、**健康維持できる、その助けになる家**ということだ。それに、家の構造が原因となった不慮の事故があってはならない。

老年という時間は、変化の時間でもある。避けられないものとして体は衰えていく。自力で歩けなくなったら、車いすという選択をしなくてはならなくもなる。

車いすを使うということは、車いすが通れる広さはもちろんのこと、ベッドから自力で車いすに乗り移り、トイレに行ったら、車いすから自力で便器に乗り移り、最後には車いすから自力でベッドに乗り移ることとなのだ。

このことだけからでも、床、間取りなどに考え直すことがいくつも出てくる。

●メンテナンスフリー

「木金三年壁八年」。家を長く住みやすい状態にするための、素材別のメンテナンスの時期である。木材や金属は3年ごとに塗装(とそう)をし直す。壁は8年ごとにひび割れなどの箇所を点検してメンテナンスする。かつての家は、こうして世話をしつづけることで気持ちよく住むことができた。

住宅地を歩くと、足場をかけ、外装をきれいに塗り直しているお宅を見るが、家主が退職した時期と重なっていることが多い。資金は退職金である。**長寿の家は、メンテナンスフリーであることが望ましい。**

メンテナンスフリーの肝(きも)はできるだけ経年劣化しない素材を使うことだ。**屋根や外壁には長期間ほとんど何もしなくてもいい素材を使う。**たとえば、木目調の樹脂(じゅし)、木粉(もくふん)と樹脂を合成したいわゆる「再生木材」など、木のような見た目でメンテナンスフリーの素材がいろいろある。

私が推奨したいのは、チタン合金製の屋根板だ。値は張るが、耐候性、耐酸性がとびぬけていい。

風雨や日光にさらされつづける外壁も、**耐久性の高い素材を選びたい。**壁や屋根によく使われる窯業(ようぎょう)系サイディングもあるが、多少のメンテナンスが必要で、保証が効くのは長いもので10年ほどになる。

●バリアフリー

家には、段差のバリア（障壁）と影のバリアがある。

高齢になって足腰が弱くなると、ちょっとした段差で転んだりする。階段の上り下りは、つらいし怖い。床の段差や階段は、車いす利用のバリアである。この場合のバリアフリーは、**段差をなくすこと**である。

住まいのあちこちにある1、2センチという中途半端な段差は、シニアにとってつまずきやすく非常に危険だ。だが、あえて大きな段差である小上がりの畳コーナーなどは、むしろ安全なのだ。

メリハリのある段差は日常生活に変化があり、少しずつ運動ができて健康維持には有効である。

高齢になっても、足腰の達者な人たちは多い。その方たちは、階段を積極的に上り下りしている。鍛えているのである。そのためにバリアを利用している。「階段が上れなくなるのは、階段を上らないからだ」ということを知っているからだ。

長寿の家の場合は、階段にもひと工夫する。いわゆる「行ってけ階段（鉄砲階段）」ではなく、途中に踊り場をつくる。もちろん手すりもつける。蹴上げ（高さ）と踏み面（奥行き）にもゆとりをもたせ、ゆったりして安全な階段にする（第2章⑰）。

夜の室内には、思いがけない小さな暗闇が生じることがある。それが足元であれば、場合によっては危険である。これが影のバリアで、**部分的な照明による対策が必要**となる。

●ケミカルフリー

ホルムアルデヒドなどの有害な化学物質「VOC（揮発性有機化合物）」の問題は、シックハウス症候群として広く知られるようになった。建築基準法で対策がとられるようになったが、家づくりの基本はそうしたケミカルな物質を極力避けることだ。

体にやさしい自然素材を使った家づくりで、室内の空気を清浄にし、健康な日々を送ってこそ、長寿が保証される。

② 「場取り」で考えれば、暮らしのかたちが見えてくる

さら地を前にして腕組みをし、こんなに狭い土地なのかと思う。そこに建てられる家の輪郭を示す紐（ひも）が張られる。なんて小さな家。基礎ができ、家が立ち上がる。足場が外されて見上げる家の大きなこと。ああ、家って大きいものだなあと感嘆（かんたん）する。

家はボリュームである。このボリュームの中の、好きな場所で好きなことをする。コーヒーを飲むとしても、さまざまな場所で飲むはずだ。本を読むとしても書斎とは限らない。座る場所は椅子（いす）とは限らない。階段に腰かけるのが好きな人もいる。

なぜそういうことが起こるのかというと、そこだけで見える景色があるからだ。無意識に好きな景色の中に自分を置くからである。またその景色の中には家族がいる。家族との微妙な、かつ快適な距離感がそこにはある。

畳が敷かれ、いつでも取りはずせる襖（ふすま）、障子で仕切られた、伝統的な日本家屋が姿を消して、３ＬＤＫという呼び名に代表される、壁で仕切られた、用途別の小部屋が家を構成するようになっても、なおこういう感覚は残っている。

家はボリュームのある空間であり、その空間を、そのときどきの必要と気分で多目的利用する。かつては、それが住むということ、家族と暮らすということであった。**私はこの感覚を「場取り」と呼んでいる。**間取りに対して私が主張している概念だ。

いま、どんな家にしようかと思うとき、まず誰でも考えるのは間取りだ。３ＬＤＫ式の間取りで家を建てるのはじつは簡単。ただし、かなりありきたりのつまらない家になる。方眼紙を用意して、玄関はここ、ここらがキッチンで、それからダイニングとリビング。日当たりも考慮したと。あとは水回りか……と、これが間取りで考えた家。暮らすということは、こんなふうに固定したものではない。

碁盤の目のような区画化された家からは人間の存在が見えない。マス目を埋めていくような**間取りで考えていくと、壁や間仕切りが多くなって非常に住みづらくなってしまう**のだ。

場取りをするときには、方眼紙ではなく、大きな画用紙に、おおざっぱに丸で囲んで何をする場所かを示していく。ごはんをつくる場所、食べる場所、くつろぐ場所、寝る場所、風呂、トイレ……という「場」を大きな丸で描いていく（**図2**）。

たまにはこんなところでコーヒーを飲みたいとか、隠れ家のような自分だけの小部屋がほしいなどというのがあっても楽しい。

日当たりや景色、位置関係などの条件は後から考えればいい。まずは**暮らしの場のつな**

図2　「場取り」で暮らしのシミュレーション

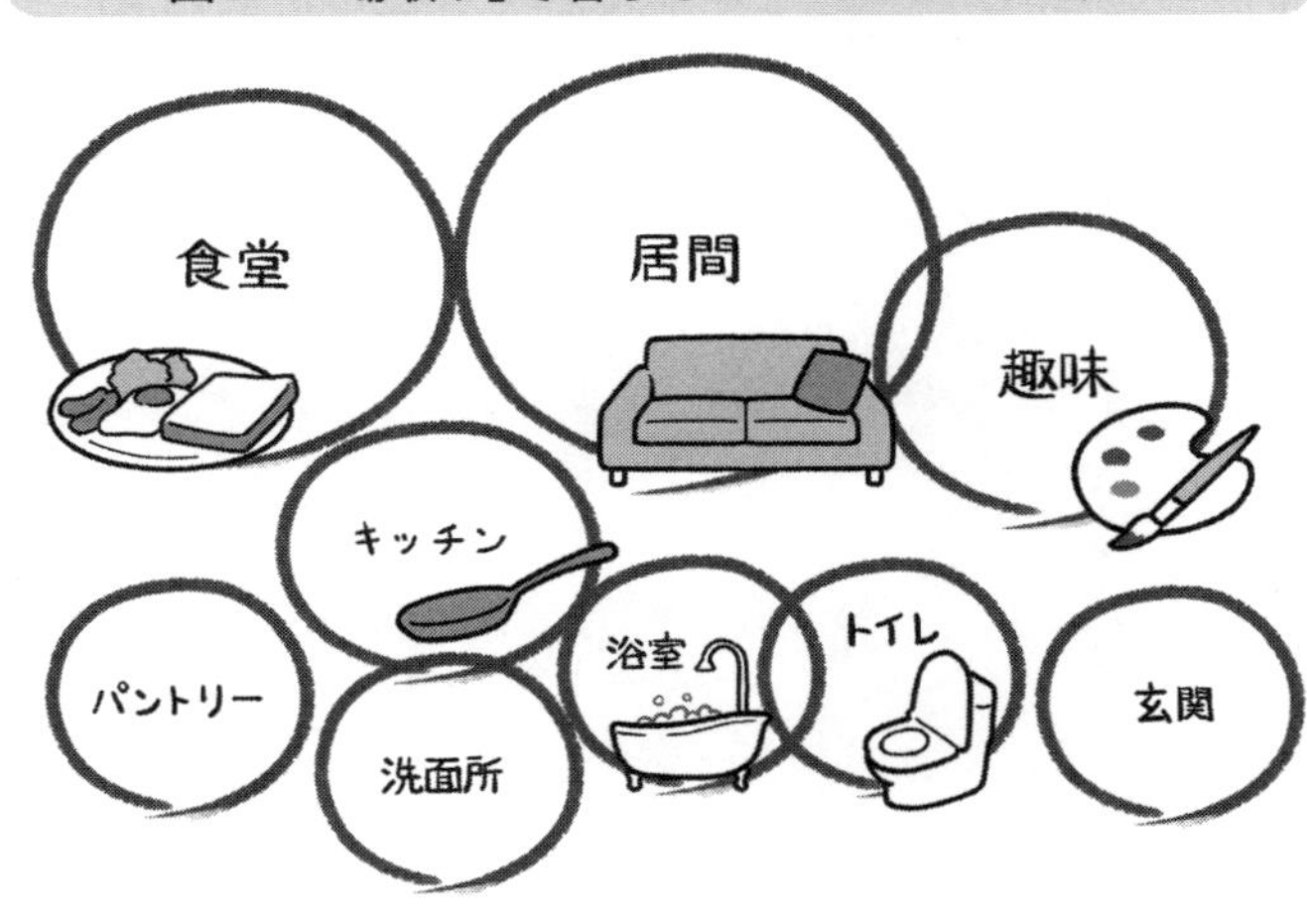

がりを「つかみ」でとらえる、それが場取りだ。

何枚も描いては直し、描いては直しをしていく。前のものは捨てない。すると、だんだんに何かが見えてくるものである。それが、これからのお二人だけの暮らしのかたちである。

間取りは、人間不在のままで最終案まで行くことができる。場取りは、大空間の中で人間が動き出すから、想像力が参加してくる。

「いや、ちょっと待て」

これが増える。場と場の関係を検討して、ぐるぐる回って最初の案に戻ったりする。

しかしその意味は違う。**暮らしのシミュレーションが中身を豊かにしているから**だ。

慣れないことなので、むずかしそうね、ともいわれる。私は、大きな袋のようなものをイメージしてくださいという。大きな空間がわが家である。袋の好きな場所にくぼみの空間をつくる。何かをする場所であるが、それが部屋になっていく原型である。

場取りという思考法ですすめていくと、部屋を示すどの小さな場所も、独立性を保ち、かつ一体性がある。どのくぼみも、大きな空間の中心を向いているからだ。

家づくりのいちばん重要なことを決めようとしているのだから、急がない。長めの時間幅をとって、その中で、あーだこーだ好き放題をいいあって、暮らしのイメージを衝突させて楽しむ。いま、自分たちはいちばんおいしいところを味わっているのだ。そのことをお忘れなく。

③ 生活スタイルは二人の趣味から生まれる

長寿の家の楽しい彩り（いろどり）は、趣味にある。ところが、ここに一つ問題がある。趣味はものを増やすのである。好きなものに出合えば、大喜びでどんどん収集してしまうから、いくらでも増える。

人が住むということは、ものも住むということなのだ。どのものにも、思い出がくっついているから捨てられない。よく見ればその思い出にもいろいろあるのだが、ひとからげにしているから、処分のための区分けができず、ものはあふれつづけている。

地元の住民を客としているうなぎ屋などに行くと、もらったものをすべて壁に飾り、棚にあふれさせているお店がある。うなぎとは何の関係もない、赤べこやら、お相撲さんの手形色紙やらからはじまって、なんだかよくわからない不可思議な物体まで、小さな座布団にのっている。お客を大事にする店の方針だから、これはこれでいい。

家庭的でフレンドリーなうなぎ屋ではなく、スタイルのある長寿の家に住みたいのである。**生活スタイルは、ものに表れる。ものは、二人の趣味から生まれる。趣味はものを増やす。**スッキリとした家で暮らすにはどうするか。

趣味のものをしまうのではなく、見せる場所を考えるのだ。

自分の趣味の歴史を見せる、精選されたコレクションをつくって、廊下や階段の壁面をそれで飾ったらどうだろうか。同じ趣味の友だちがくるのが楽しみになる。友だちも訪問を楽しみにする。

大量にある本も、「見せる本棚」をつくれば、部屋の雰囲気は一変する。

処分するものが大量に出るかもしれない。しかし、それは捨てるのではない。フリーマーケットに出して別の人の楽しみのために提供するのだ。ネットで調べれば、メルカリなど、フリマアプリやリユースのサービスがいろいろある。

夫は夫で別の趣味をもっているだろう。ジャズが趣味で、SPレコードからはじまって膨大なコレクションをもっている。こういう趣味は総量に意味があるのだから、厳選とはいかない。納戸にもなる一部屋を、コレクションの博物館にしたらどうだろうか。

知人が訪ねてきたら、〝博物館〟にこもってひとしきり話をはずませ、何枚かを選び、そこに置かれた年代物のスピーカーで楽しむ。

この趣味の家は、表面は妻の趣味で統一され、隠されたところに夫の趣味がひそんでいるという構造になっている。こうすると、なかなか厚みを感じさせる家ではないか。

また、こういうご夫婦もいるかもしれない。

「うちはね、無趣味なのよ、二人そろって。若いころにね、お土産屋で売っている通行手形を集めたことがあったけど。趣味悪いでしょ」

謙遜かもしれないが、これも素敵だ。

趣味はいわば煩悩だから、煩悩のない二人というわけだ。きっと二人とも聞き上手で、庭から摘んだ小花を一輪投げ入れした花瓶の置かれたテーブルを囲んで、お客をもてなしたりするだろう。これこそ最高の趣味といえる。

④ おひとりさまになっても、一人で暮らせる喜び

仲よく人生をともにしてきた二人が、いっしょに亡くなることになったら、これが夫婦としての本当の大往生かもしれない。そういう幸福もまれにあるかもしれないが、あるとしても、幸せとはいいがたい災害か事故か事件に巻きこまれたときであろう。

どちらかが先に亡くなるのがこの世の常である。長寿の家を考えたとき、ここが最後の

テーマとなる。

一人でどう生きるか。

かなりの高齢になって一人になったら、介護施設しか選択肢はないのか。

介護の問題は、人間の尊厳の問題である。一人でトイレに行けるか。一人で風呂に入れるか。人間の尊厳とは、羞恥心(しゅうちしん)の問題なのだ。排便のための、おむつをあてられないこと。裸(はだか)を人に見せないこと。これが長寿の家の最終的な課題となる。

私は、これについては自分の問題としてさんざんに考え、工夫し、さまざまなアイデアを出してきた。ここでは、人間のプライドというものはすごいものだという話をしたい。

一人で排便できるということは、幸せなことであり、喜びなのだ。一人で体を洗えて身を清潔に保てることは、ゆずれないプライドなのだ。体が動くかぎり、最後までそうした人が私の身近にいたのである。祖母だ。

一人で暮らしていた祖母は、いつものように這(は)ってトイレに行き、便器に這い上がろうとしたときにバランスを崩して洋便器と壁の間に挟まった。身動きがとれないまま、私の母が訪ねていくまでの7、8時間をその状態でいた。

私は、トイレの位置、構造を、這っていく人の視点から検討し直し、問題を解決するプランをつくった。それを建築に取り入れた。

祖母は、介護用住宅や介護用浴室のない時代に、這って浴室に行き、体をきれいに保っていた。浴槽にこそ入れないものの、風呂場の床にスノコを敷き詰め、そこに転がり、身をくねらせてシャワーを全身に浴びながら、体を洗ったのだ。

こうした話は祖母だけではなかった。ある女性は海軍の高官の娘だったそうだが、高齢を意識したとき、誰にも迷惑をかけない一人暮らしの家を自分で設計した。

彼女も最後の移動は這うことだと想定していた。寝室から這って、引き戸を開ける。引き戸の取っ手は床に近い位置につけてある。風呂とトイレは通路のすぐ向こうに並んでいる。這っていって、同様に低い位置の引き戸の取っ手に手をかけて……すべてがシミュレーションされていた。それでいて、毎日、プールで長い距離をゆったりクロールで泳いで体を鍛えていた。

これはある時代の、ある階級の、女の美学なのかもしれないが、それにしてもすごいことだ。私は、そうあるべきだとはとても言えないが、こういう人がいたことは知っておいてほしいと思う。

このように覚悟が決まった人ほど、逆に暮らしを楽しむのが上手だ。お茶とお菓子を出してくれたのだが、2枚の椿の葉っぱで饅頭（まんじゅう）をはさんだしゃれた和菓子である。どこの店のものかなと思いながらいただいていると、

「それ、コンビニで買った100円の大福よ。私が庭の椿の葉をとって上等そうにしたの。おいしかったでしょ」

生活の中で、工夫を楽しむ人であった。逆境になるほど、それを楽しめる人だったのだ。私の祖母も、きっとそうだったのだと思う。

⑤ 「人生時計」で人生と住まいを眺めてみよう

アナログ式の「人生時計」というものを考案した。いま、人生100年時代といわれるようになったので、100歳までの時計をご紹介しよう。時計の内側は自分たちの人生、外側は子どもたちの人生の時間を示したものだ。

これは**「人生時計」であると同時に、「住まいの時計」でもある。**35歳で子どもが生まれるモデルで考えてみる**（図３）**。

内側の輪。時計の12時（零時）の位置が、自分たちの誕生日で、３時の位置で25歳、６時で50歳、９時で75歳、再び12時で一回りして１００歳になっている。

12～３時の25歳くらいまでは幼少・青年期。30～35歳くらいになると、就職、結婚して子どもが生まれる。外側の輪の子ども世代の人生は、ここからスタートする。

２つの世代の人生が、年齢をずらして重なっているわけだ。ここに住まいをかぶせていく。

自分たちの幼少期は親の家で養育されて、成人したら家を出る。就職して結婚。35歳頃からは夫婦ともども、仕事に子育てにと忙しい年代で、１番目の家もここでつくる。

子育ての時期が終わると、妻は社交を中心とした楽しみの人生の時間に入る。それは夫の退職までつづく。

６時を過ぎて65歳になると夫は定年だ。子どもたちは独立し、夫婦二人暮らしがはじまる。元気で、定年後も働いたりなんらかの形で社会と関わりつづける人が多いだろうし、旅行に行こう、習い事をしてみよう、とアクティブにいろいろなことを楽しめている年代だ。

2番目の家、すなわち本書のテーマである長寿の家づくりに取り組む人も多いだろう。35年ほどずれながら自分たちを追ってくる子どもの世代は、このとき子育て真っ盛りであろう。教育費が重くのしかかり、二世代住宅でいっしょに住みましょう、という提案がくるかもしれない。

子どもたちが孫を連れてくる新たな楽しみが出てくる一方、自分たちの親世代が晩年を迎えていて、介護という難題が起こってくるだろう。

9時の75歳から、いわゆる後期高齢者となる年代に入る。夫婦二人で老いをやしなう時期がはじまり、夫の死が先にくるとしたら、そこから妻一人の時間が12時の100歳までつづく。

長寿の家は、人生の最晩年を伴走する大切な場所だ。子どもの世代が母親である妻を、長寿の家で介護しているかもしれない。

生み、育て、老いる。あるいは、遊び、働き、楽しむ。
あるいは、学び、奉仕し、助けられる。

図３　100歳人生と住まいの時計

内側の輪が自分たちの人生、外側の輪が子どもたちの人生。
35年ずれて重なっている

家は、これらの人生の変化に対応したものでなければならない。住む人の数にも変動がある。

考えてみると、家というものはすごいものだ。固定したものである家が、ダイナミックに要求を変えていく家族に、柔軟に応えなければならないのだから。これを解決するのが、**「重ねプラン」**である。私のアイデアだ。

一つの部屋、一つのコーナー、一つの空間は、一つだけの目的のものであってはならない。時間の推移に応じて、目的、用途、満足させる人間を変えていくのである。わかりやすく子ども部屋で説明しよう。

自分ではじめて建てる家には、おそらく子ども部屋があるだろう。重ねプランでは、子ども部屋はつくらない。夫の書斎、妻の趣味の部屋をつくり、それを子どもが巣立つまで子ども部屋として使わせる。

子どもがいる間は、子ども部屋として機能するが、いなくなったら自分たち親の部屋である。最初からそれを子どもに告げ、親のものもそこに置いておくのである。そしてときどき自分の部屋として立ち入る。これが重ねプランの一例だ。

長寿の家の発想も、重ねプランとして最初に建てる家に含まれているのが望ましい。だが、精力盛んな若いときにそれを考えることは無理かもしれない。これから、リフォームや2度目の家として考えればよい。この先の何十年という時間の移り変わりは、世の中そのものも大きく変貌（へんぼう）させるだろう。

さあ、自分たちの長寿の家に戻ろう。人生１００歳時代と景気はいいが、専門家である医師は、１００歳の90パーセントは認知症ですよ、といっているのだ。残りの10パーセントを目指して、楽しい家づくりをしよう。

⑥ 65歳からの心身の変化と住まい方を考える

人生時計で浮かび上がる家族生活の話をした。さて、夫は65歳を迎え、勤めを退職する。二人だけの時間がはじまる。ここから１００歳までの35年間を考えてみよう。

健康長寿をめざして毎日を明るく、楽しく、社交的に暮らすとして、ここからの心身の変化は、もう少しこまやかに見たほうがよいのかもしれない。

たとえば、10年で区切ってみる。仮にこんなふうに呼んでみる。

・長寿Ⅰ期＝65～75歳

・長寿Ⅱ期＝76～85歳

・長寿Ⅲ期＝86～95歳

Ⅲ期までできたら、100歳まであと一歩である。この最後の輝きを秘めた年代を、長寿の家でどう過ごすか、想像力をめぐらすことが大切だ。

この年代に起こる身体的な変化を示す医学・健康の概念がある。**「ロコモ」「サルコ」「フレイル」だ。ざっくりいえば、体が老いとともに弱っていくことを表す**言葉で、要介護や寝たきりになるリスクが高いといわれる。最近は新聞やテレビでも日常的に使われるようになってきたので、ご存じの方も多いだろう。

・**ロコモ（ロコモティブシンドローム、運動器症候群）**＝加齢にともなう筋力低下や骨粗しょう症など、運動器（骨、関節、神経）に支障が起きて、自力で移動する能力が低下すること

・サルコ（サルコペニア）＝加齢による筋肉量の減少および筋力の低下のこと
・フレイル＝加齢により心身が疲れやすく虚弱状態にあること

これらは住まい方とも直接関係がある。**長寿の家は、ロコモ、サルコ、フレイルをできるだけ先に押しやり、受け入れなければならないときには、受け入れる対策をもっていなければならない。**


【長寿Ⅰ期＝65〜75歳】

ロコモで日常生活に影響が出てくる困りごとなども、日常的によく耳にする。

「階段を上るのに膝が痛くて、３段ずつ休憩するんですよ」

「衣服の脱ぎ着ができなくて、脱いでいる途中で動きが止まったままになるの」

「立ったままパンツをはこうとすると、ひっくり返ってしまう」

「いや、わかります、靴下もどうやってはこうか毎度、考え込んだりして」

笑い話ではないが、もはや笑うしかない。

これを避けるには、筋トレとバランス運動を毎日することだとされている。

長寿の家を筋トレの場にしよう。階段のある家なら、筋トレと健康には好都合である。バリアフリーは必須だが、**30センチくらいの段差**なら、つまずくことはない。それくらいの小上がりの部屋があれば、そこもトレーニング場になる。

個人差はあるが、長寿Ⅰ期である65〜75歳までの暮らしでは、こんなことはらくらくできるだろう。

【長寿Ⅱ期＝76〜85歳】

長寿Ⅰ期の75歳とⅡ期の76歳の間には何があるのか。これも個人差があるが、1年違いで、こんなに違うのかと愕然（がくぜん）とする体験をするのが老いの時代だ。私自身、すでにⅡ期の年代に入り、身に染みている。

突然、ガクッとくるのである。なんだか歩くのがむずかしくなる。雲の上を歩いているようなふらつき感がある。若い人がぐいぐい闊歩（かっぽ）しているのを見て、なんて美しいんだと感激したりする。

必ず、こういうときがくる。いつのまにか、サルコ（サルコペニア）、筋肉減少がはじまっていたのだ。夜、トイレに起きたときに転倒したりする。身体機能が低下して自信がなくなる。

別の見方をすれば、これはある意味ではおもしろい段階で、いろいろ自分で考え、工夫し、独自の理論と実践（じっせん）方法を編み出したりできるからだ。

散歩する老人は、みな不思議な、自分なりの方法論をもっている。早朝の公園などに行ってみれば、よくわかる。半身に麻痺（まひ）のある人でも、奇妙な運動を考え出し、人目を気にすることもなく実践しているのだ。

長寿の家の**大黒柱などしっかりした柱**はこのときに頼りになるだろう。毎朝10分ほどの時間をここで過ごす。筋トレとバランス運動のプライベートジムである。

片手を軽く柱に添えて、かかとを上げ下げ。ふくらはぎの筋トレだ。同様に片足立ちでバランス感覚を鍛える。股関節を回したりスクワット。手は大黒柱に添えたままだからふらつかない。

長寿の家の楽しいコーナーは、大黒柱だけではない。階段もある。腕立て伏せは平場ではきつい。**階段の高さを利用して軽めの斜め腕立て伏せ**に挑戦する。

こういうことを始めると、わが家の大黒柱や壁から見られている感じになってくるから、怠けることができない。

【長寿Ⅲ期＝86～95歳】

サルコから脱出するには、やはり住まい方が問題だ。すぐ横になるような習慣を許す家のつくりはよろしくない。もし長寿Ⅱ期の76～85歳の間にサルコが進み、**Ⅲ期にフレイルになったら、住まい方のほうを対応させなければならない。**

フレイルとは虚弱のことで、病人予備軍なのだが、**家庭用エレベーターの設置**も考えてもいいかもしれない。動けるうちは補助することで用を足せるが、いよいよ動けなくなったら、あるいはかぎりなくそれに近づいたら、**トイレと風呂を改造**する必要が出てくるだろう。

長寿の家は、こういう流れを読んだうえで設計されていることが望ましい。最初の段階で、簡単に改造可能な位置取りをしておく。あるいは、最初からそのようにつくってしまう。長寿の家で暮らすということは、長寿Ⅰ期、長寿Ⅱ期、長寿Ⅲ期がどのように変化していくかをあらかじめ承知して、対処を考えておくことなのだ。

⑦ 二世帯住宅はちょっと待て

長寿の家は、経済的な安心をベースにしていることが求められる。１００年の「人生時計」⑤でもちょっと触れたが、子ども夫婦との同居、二世帯住宅という暮らし方がある。

このプランは、多くは子どもの側から働きかけられる。「おやじ、いっしょに住もうよ」とか、「お母さん、お父さんに二世帯住宅を建てる気はないか聞いてよ」とか。即答してはいけない。ちょっと待て、である。

子どもたちの同居願望は、親の老後を考えてのことではないかもしれない。必ず、そこに触れてはくるが、彼らの目は親の土地や家に向けられているはずだ。

同居することによって、子どもたちは家を確保できる。生活も楽になる。一方、親たちは将来の老後の不安が解消できる。一見、相互扶助（ふじょ）の感じもしないではない。

だが、**実際の生活がはじまると、なかなかうまくいかないのが現実**なのだ。親の

「ちょっと待て」が原因で同居話がこわれたら、それはそれでいい。自分たちは、人生最後の贅沢、長寿の家で暮らしたいのだ。この姿勢を崩すことがあってはならないはずだ。

こういう対応をしたご夫婦があった。

「いや、俺はアパート併用住宅を建てて、夫婦二人の悠々自適(ゆうゆうじてき)の家をつくるつもりだ。その資金は土地を担保にして、1階を二世帯くらいのアパートにして、ローンはそこから返済する」

そして、不動産屋をつうじて、いくら賃料が入るかを計算させて、その数字を子どもたちに見せた。若い夫婦は、甘かった考えを反省した。そのうえで、そこそこの家賃を払ってでも同居したいといってきた。

そこではじめて、親夫婦は、二世帯住宅の検討に入った。こうして、親がイニシアチブをもった家づくりが可能になったのだ。

親が、子どもから家賃をとって住まわせるくらいの二世帯住宅は、たいへんに住みやすいものになる。子どもたちも、家賃をきちんと払うことによって、親に甘えない厳しい生活姿勢を維持することができた。

もし同居するのであれば、お互いが経済的にも精神的にも自立していることが望ましい。これが二世帯住宅を成功させる基本である。

同居が実現してもしなくてもよいという構えだから、息子たちが引き下がったら、予定どおりアパート併用住宅にする。この家の一等地である日当たりのいい2階を自分たちの居住空間とし、残された1階部分を人に貸す。

1階をカーポートとして貸している人もいる。カーポートの場合は、不都合が起これば すぐに退去命令が出せて安心だろう。

⑧ 家賃収入の安心に見守りの安心をプラスする

自立意識の高い建て主は、子どもとの同居ではなく、アパート併用とか、貸し事務所、店舗併用の住まいをつくり、自分たちは1階か2階での老後の暮らしを考える。

家賃収入が長寿の家を支えるからだが、もう一つ、**人気（ひとけ）があったほうが安心**という意識もある。高齢の二人は、いつか必ず体、健康に異変が起こるのである。そのときどうするか。同じ敷地内に信頼できる人がいて、いざというときに手を貸してもらえれば、不安もやわらぐ。

娘や息子たち家族ではなく、他人を選んだのである。親切でよく気がつく、気のいい人を選んで入れることができればいいのだが、不動産屋をつうじての交渉では、なかなかそううまくもいくまい。この難問に心をくだいた人の話である。

心臓の病をもつご老人がいた。アパート併用の家を建てたいというので、ちょっと贅沢なプランを提案した。プランはとても気に入ってもらえた。そこからのやりとりをご紹介したい。

場所は都内の住宅地である。老夫婦は2階に住む。1階には、庭付きの3LDKが2つできる。建て主は、私にこう尋ねた。「このアパートはいくらで貸したらいいだろう」

私は、月30万円でもいいのではないかと答えた。するとその建て主は、「15万でどうでしょう」というのである。そして、わが事務所の若いスタッフに、「15万だったら、あなたはどうですか」と尋ねた。若いスタッフは、「そりゃあ、もう喜んで借ります」といった。建て主は大喜びしている。「よし、それでいこう！」

冗談のやりとりが交わされているかに思われたが、そうではなかった。建て主はこう考えていたのである。

30万円で貸せるこの庭付きアパートを、半値の15万円にする。ただし条件がある。まず、庭の草取りをしてもらおう。自分の奥さんが、頭痛で買い物に行けないときには、手伝ってほしい。

こんな条件なら、なんだ、そんなことですか、と拍子抜けするところだが、もう一つあった。２階の自分たちの寝室、リビング、トイレ、お風呂に緊急ボタンを設置する。万一にそなえてのことだが、もし本当に緊急事態が起きたら、民間のセキュリティシステムだと早くて10分、遅いときはもっとかかる。それが待てないこともあるだろう。

だから緊急ボタンを押し、家族など近くにいる人に知らせるのである。緊急事態を知らせるこのボタンを、賃貸のアパートにつけてもらう。ボタンを押すのは、**夫の心臓発作とか、泥棒の侵入といった万一の事態のときだが、そのときに在宅していたら、助けにきて通報してほしい。**

これがアパートの賃貸契約の約束であった。私は、建て主の発想のオリジナリティに、思わずうなってしまったものである。

さて、いざ募集したらどうなったか、何組かの夫婦が応募してきて、そのなかに夫が医者の卵、妻が看護師だという若い夫婦がいた。もう1組は、起業したばかりの若いオーナー夫婦であった。夫婦それぞれと不動産屋と面接し、この2組の夫婦と契約した。彼らは車をもっているから、専用救急車付きというわけだ。

契約した若い妻たちは、そんな緊急の場合だけでなく、ふだんでもお手伝いなら何でもいってください、とまで申し出てくれた。**一つ屋根の下に、〝疑似同居家族〟が2組できた**のである。

私はこの形態を「**契約同居**」と名づけた。じつの親子のように気遣うこともなし、気負いもなし。他人同士の〝親子〟の同居という、まったく新しい同居のかたちとなったのである。

1組の夫婦に一人しか子どもがいない時代である。その子どもが結婚して、双方4人の親をみることなど、不可能に近い。近い将来、他人同士の二世帯同居、3世帯同居が、もっと出てくるのではないかと考えさせられる。

いまお話ししたことは、いま家があり、かつ聡明な人で、考え出した方法はとても賢明だ。だが、契約という法律上のやっかいな問題も含んでいる。もっとふつうにうまくやる方法はないだろうか。

自分たちは明るい、風通しのよい2階で、穏やかに暮らしている。階下の賃貸アパートには別の家族が住んでいる。この二世帯が、うまく付き合うにはどうしたらいいか。

現代の暮らしで考えるからむずかしいのかもしれない。昔の暮らしだったら、どんな知恵をはたらかせただろうか。

一つは、おすそ分けという習慣が思い出される。

「桃をたくさんいただいたので、二人では食べきれません。どうぞ、めしあがって」

食べ物をいただくというのは、仲がよくなる素晴らしいきっかけなのだ。

あるいは、相談をもちかける。ときには、小さな子どもを見てあげる。これも親しくなるよい方法だ。

世話をした人には、もっと世話をしたくなる。喜んでもらうと、もっと喜んでもらいたくなる。これも世代を超えた人情であろう。

お互いに、いまどうしているかなと想像するのは、心の仕切りが薄くなったとき、あるいは開いてしまったときである。もののやりとり、言葉のやりとり、相談ごとのやりとり、お手伝いのやりとり、ここに一つの安心の入り口があるように思える。

第2章

健康・快適・便利な家づくり

木の家

⑨ 家は木造住宅、柱はできるだけ太いものがいい

家を建てようとして調べだすと、まずいろいろな工法があるのに面食らう。ネットを見てもそれぞれ、自社の工法がいいとすすめているし、誰に聞いたらいいのかもわからない。そもそもハウスメーカーがいいのか、町の工務店がいいのか、それとも建築家に注文住宅を建ててもらったらいいのかが、まずわからない。

とりあえず、ハウスメーカーの総合展示場に行って、営業マンのトークの感じがよかったところにお願いすることになる。すると、集成材（さまざまな木材を合わせて成型した木材）と合板のパネルによる面をパタパタと組み立てていって、あっという間にできてしまうが（木造枠組壁工法、ツーバイフォー工法）、本当にそれでいいのだろうか。

　木の住まい、すなわち木造建築の本当のよさがわかるのは、年齢を重ねてからである。かつて、家は大工さんが一人で建てた。１年かけるのんびりしたものだった。木の香りをプンプンたてて鉋をかけ、鑿でほぞをえぐり、鋸で材木の長さを合わせた。木くず、鉋くずは、焚き火をして燃やしながら、建て主と茶を飲んだ。

　いまではもはやありえない光景だが、ここでおこなわれていたのが、日本家屋の伝統、**木造軸組工法**と呼ばれているものだ**（図４）**。**長寿の家は、この木造軸組工法の家がおすすめ**である。

　軸組工法とは、いってみれば当たり前の建て方なのだが、木と木が、ほぞや、ほぞ穴の仕口（継手）で組み合わされている。こうして組まれた柱梁は、きしみこそすれ、なかなか壊れにくい。

　特にこのきしみは、地震の揺れを建物全体で吸収する。筋交いも何もない寺院などの木造の古建築が、いまも厳然と建っているのもそこに大きな理由がある。

　木造住宅の命は、柱にある。無垢の木（１本の木を切って乾燥させた天然の木材）が望ま

しいが、集成材もある。

通常、この柱は三寸五分角（10・5センチ角）である。そして、通し柱という住まいの各角にある2階まで通じる柱が、四寸角（12センチ角）だが、この通し柱によって1階と2階をがっちり一体化する。これが木造住宅の本来の姿で、もちろん土台は腐らないヒノキかヒバで支える。

柱の木材は、太ければ太いほどいい。たとえば、**現在の10・5センチ角の柱を、すべて12センチ角にする。**50坪（165平米）の住まいでは、構造のみの原材料費は実質100万円も増えない。だが、残念ながら、これを望む建て主は少ないのである。

それどころか、「システムキッチンのランクを上げたいから、建築予算をあと100万削れない？」となる。それであろうことか、構造部分の費用を削って、柱がすべて三寸角（9センチ角）、つまり10センチ以下になってしまうことすらある。

とんでもない話だ。強度計算上はたしかにこれで持つが、家は自然の中に建つ。運悪くこの木材が雨漏りなどで腐りはじめたときには、少しでも太いほうが安全なのだ。

大きな地震や台風に見舞われたときも、10・5センチ角より12センチ角のほうが、構造上の耐力（たいりょく）以上の持久性、耐久性がある。

図４　木造軸組工法

これは鉄骨やその他の構造の家についても同じこと。最近は少しでも薄く、軽くという傾向があるが、錆(さ)びたときの耐久性を考えればわかるだろう。構造を主眼にした住まいであれば、多少雨漏りがしようと、建物が古くなって壁が汚れてきても、わずかな費用で汚れを消しリフォームができる。

リフォームを依頼された住まいを見せていただくと、構造部分の柱に問題があることが多いのである。土台の根元の柱は腐食がはじまっている。リフォームどころか建て替えなければならない。ローコストの建売住宅には、柱が９センチ角に満たないものすらある。

長寿の家は、災害で被害に遭(あ)ったりするものであってはならない。老後の所得が失われたりするものであってはならないのだ。**リフォームでも、家全体を新たな柱梁で基礎から補強もできる。**

この柱を割安に少し太くするコツは、通常の構造で設計し、見積もりをする。この段階で、効き柱梁（隅柱数本と主な間柱数本の10本ほど）だけを太くした場合の追加見積もりを頼む。柱材の原価で、追加額で示してくれることが多いはずだ。

本来、家づくりの醍醐味は、土台、基礎工事から柱建て（初めて柱を建てること）、そして棟上げ（柱、梁などを組み立て、その上に棟木＝屋根の最上部の材を上げること）にあるといわれている。これさえ整えば、あとの中身は、どうぞご勝手に、ということなのだ。

棟上げのときに、柱梁の裸の構造を目にすることができるが、そのときに、太い柱を撫でさすっていただきたい。心より安心できる。

⑩ 芳香、調湿作用、安らぎ。木の住まいは生きものと相性がいい

老いて自然素材に親しみを覚えるのは、人間の感性がだんだん洗練され、本来の自然体にかえろうとしているからだと思う。自然の素材、自然の空気などに生理的に敏感になるのは、本能なのか。そうだとしたら、もともと人間は、木との相性がよいということになるが、単なる感覚的な観念論ではなさそうだ。

私は、木の住まいを数多く設計して建ててきたが、いつも、その後の生活の状況や、住み心地を聞いてきた。**木の住まいの何がよいか尋ねると、一様に「香り」という答えが返ってくる。**

老いると、五感が鈍感になるのかと思っていたが、そうではないらしい。こうした自然のにおいには、逆に敏感になる人が多いようだ。家の外に咲いた桜や梅の花を、においでわかる人もいる。桜の葉も香るのである。あの桜餅の香りだそうだ。

木の住まいこそ、わが国の伝統的な建物だという通念がある。木の住まいといっても、単なる構造における木造ではない。床、壁、天井、板戸などの建具にまで関心がおよんでいる。そこに浮かんでくる建物の姿は、本格的な文化としての木造建築である。

本物志向という心理、感覚は、若い人にも当然あるが、本格的な木造建築は高いし贅沢（ぜいたく）だと思われている。たしかに贅沢だろう。この贅沢は、資金以外の贅沢である。**そういう**

家に住んでいると、木が生きているのがわかり、しだいに枯れていく様子も味わえるのだ。

「だんだん木の色がよくなりましたね」
「馴染(なじ)んできましたね」

生活していることからくる手の油脂(ゆし)や汚れの付着だけではなく、木そのものに変化が起きているのを感じているのだ。**木の細胞一つ一つが、生きている感覚を宿している（図5）。それがわかって、味わいとして感じるのが嬉しい**のだ。

家具でも、無垢の木の家具は、しだいに艶(つや)が出てきて、思わず撫でたくなるような愛着がわく。これなら家具も幸せだ。人の細胞と木の細胞が、同調するからかもしれない。

木材には、芳香のほかにも優れた性質がある。**室内が乾燥したとき、自分が持っている水分を放出する作用、いわゆる調湿作用である。乾燥を調節してくれるこの作用は、住む人の気管支や、皮膚などの健康のためになり、また美容によい。**

太い丸太を積層したログハウスが、乾燥した大陸で好まれるのも同じ理由であろう。いわば北米版の校倉(あぜくら)造りだが、これもまた木の豊富な住まいの一例だといえる。

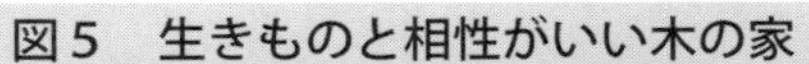
図５　生きものと相性がいい木の家

病院の院長をしているその方は、鉄筋コンクリートの病院内に住んでいた。その近くに、セカンドハウスとしてログハウスを建てた。患者に何かあったら、すぐ分娩(ぶんべん)室や病室に走っていかなくてはならない。だから、病院から遠くには離れられない。しかしなんとしても、土日くらいは木の家で過ごしたかったのだ。

鉄筋コンクリートの病院は、病人を火災から守る。地震からも守る。しかしその中に長くいると、疲れるのである。空気が乾燥して、音が反響する。硬さによる圧迫感もある。そこから逃(のが)れた、せめてもの週末ログハウス暮らしは、望みどおり疲れから解放してくれるものとなった。

「週に一度の木の住まいですが、心が洗われるような、解放的な気分になるのです。木がもつ調湿性や芳香、さらに肌触りもあるでしょう。総合的な癒(いや)し効果なんでしょうか」

奥さんの意見も同じだった。さらに、夫婦の口論も少なくなり、肌にうるおいが出てきたような気がする、とも。私は思った。木の住まいにいると心が開き、しかも木に合わせた感性に変わるのか。となると、木の家は、まったく長寿の家向きではないか。

⑪ タイル、石、銘木……癒しとやすらぎをくれる自然素材

年を重ねるにつれて、**いろいろな自然素材のもつ深み、本物の風合いや、わび、さびといったものが、わかるようになってくる。**自分自身が自然の一部、あるいは自然そのものであることを、あらためて自覚するからだろうか。自然素材志向は、自分がいずれ土にかえる準備なのかもしれないと思うこともある。

住まいの外観も、本物志向になる。なんだ、張りものか、なんだ、ビニールか、なんだ、人造かなどと気になってくる。セメントやモルタルの表面、タイルや石張りなどに本物の味わいを求めるようになる。

最近は、釉薬（うわぐすり）を濃くかけたタイルよりも、素焼きのタイルや瓦（かわら）の素材などが好まれる。御影石（みかげいし）と見まがうようなセラミックタイルも安価で人気が高いが、やはり濡れたときに、乾いたときの味わいがない。

玄関アプローチや庭に、味わいのある組み石や、さびを感じさせる石を置くだけで、心が和(なご)んでくるという。石には、一つ一つ独特の風合いがある。雨の日の石の色、晴れた日の色などの変化を楽しんでいる自分になっていることに驚くという。

玄関の仕上げ材にもこだわりが出てくる。なんと、足ざわりが問題になるのだという。靴を履いているから、足ざわりなどわかるはずはないのだが、ツルンとしたあの安いタイルよりは、バーナー処理で焼きつけたもの、小叩き仕上げ（特殊なハンマーで平行線状に細かな刻み目をつけた仕上げ）など、手を施したものを好むようになる。

実際、靴を履いた足元から、その素材感や重厚感が感じとれるから不思議である。

玄関の上がり鼻の、上がり框(かまち)だけでも豪勢なものにしたいと思う方もいる。わが家だけのものがほしいのだ。たかだか二メートル幅にも満たない上がり框一本で、ああ、うちに帰ってきたと、ほっとする。

そういう自分のために、銘木(めいぼく)店に行って選ぶのである。**銘木とは色あい、木目、材質などが特殊で風趣のある高価な木材で、ケヤキ、タガヤサン、クリ、サクラなどいろいろある。**その選択も長寿の家づくりの楽しみの一つになる。

床や壁にも木の素材を使いたくなる。**木は、材木となっても呼吸している。人を和ませる芳香と木の精を放っている**のである。２、３年以上じっくり自然乾燥した木材でないと、床や壁にはなかなか使いにくい。強制乾燥した材はひびが入りやすい。

自然の板を1ミリほどにスライスして、合板で裏打ちした**銘木ツキ板**というものもある。**無垢の木のような反りやひび割れが少なくて、本物の木の素材のもつやさしさや、芳香もかねそなえている。**和室の天井板のためには、杉の柾目をスライスしたツキ板が、そこそこの値段で手に入る。

床や壁に銘木ツキ板をあしらうと、汚れが気になる人もいるだろう。ワックスやクリアラッカーを塗る誘惑に駆られるかもしれない。自然素材にそんなことをしてはもったいない。自然素材の芳香も艶も失われる。

木の長寿の家のお手入れは、できるだけ木地のままを生かし、から拭きや雑巾がけだけにする。雑巾がけは体力維持によいが、むりせずにモップのから拭きでもいいだろう。

こうして毎日、柱のから拭きをしていたお年寄りの建て主の磨き上げた柱は、素晴らしい光沢をもっているものだ。

「おじいちゃんが、いつも磨いていたのよ」

連れあいに先立たれた一人暮らしの奥さんが、柱を撫(な)でながら目を細めていったこの言葉が忘れられないのである。

⑫ 床も壁も天井も無垢の木で統一した木の家のよさ

いま住んでいるマンションを、長寿の家としてリフォームしたいなら、自然素材をふんだんに使うのがいいだろう。和紙が優れた自然素材であることを、まず思い出したい。

和紙は呼吸している。障子は光を和らげるし、室内に風や湿気を通し、遮熱(しゃねつ)効果もある。

クロスには、和紙や麻布を選びたい。

壁は土壁。表面だけでも珪藻土(けいそうど)や漆喰(しっくい)で仕上げる。

イチ押しは植物性プランクトンの化石である珪藻土だ。やさしい風合いの自然素材で、多孔質なので水分をためたり放出したりする調湿効果が高い。においなども吸着させて、空気をしっとり保ってくれる。部屋の空気の味が変わり、肌合いが変わり、気分もがらりと変わる。天井を珪藻土にするのもいい。

漆喰も珪藻土にはやや劣るものの調湿効果があり、独特の質感が魅力だ。ただし、漆喰は珪藻土より表面に傷がつきやすく、振動でひびが入りやすいという難点がある。

とはいえ、子どもたちは育ち、独立している。もうぶつけられたり汚される心配もない。寝室やリビングなどに使ってくつろぎの空間にしたい。

自分のためのリフォームとなると、不思議なことに、昔の家を彷彿(ほうふつ)とさせるような、ノスタルジックな土、木、竹、石などでできた家、自分が育ってきた原点に帰っていくようである。

まるごと、自然の木の家で暮らしたいという方もあるかもしれない。**マンションでも建て売りでも、内装をすべて木に張り替えることで、一変させることができる。**無垢の木で統一すると、空気感もすっかり変わり、森のリス夫婦になった気がするかもしれない。それもなかなかメルヘンチックで、かわいい長寿の家となる。

床、壁、天井。それぞれにふさわしい木があるだろう。**天井はスギ。柱はヒノキ。フローリングの床を軽い感じにしたいなら、サクラ**という選択肢がある。**造りつけの収納を壁一面に仕掛けたいなら、内部はキリ**の高い吸湿性に着目してもいいだろう。

訪問客との木談議がはずむのも楽しそうだ。木談議は森談議になり、一面の山桜の山談議になり、旅談議になるかもしれない。ドイツの暗い森の談議になって、若いときに夢中になって読んだヨーロッパ文学談議にまで発展するかもしれない。

自分の大好きな家が、話題のきっかけとなり、楽しい会話を次から次と呼んでいくとき、「この家、ずいぶん迷ったけど、思いきって建ててよかった」と二人は微笑みを交わすかもしれない。

なお、人が暮らす内部は木材がおすすめだが、屋根や外壁はできるだけ経年劣化しない素材を使ってメンテナンスフリーにしたい。先にも述べたように、木のような見た目でメンテナンスフリーの素材をはじめ、いろいろとある。

風通し

⑬ 地面から45センチ以上の基礎、床下通気で湿気対策

私は、住まいのリフォームでお宅を訪れた際には、家にすぐには上がらない。まず、家のまわりを一周して、土地の状況をくわしく見ることにしている。そして玄関ドアを開けて、においをそっと嗅（か）ぐ。ちょっとあぶない建築家のようだが、これで多くのあぶない家を救ってきたのである。鼻を利かせる習慣ができたのは、ある驚くべき経験からだった。

システムキッチンの改造の打ち合わせに、延々３時間ほどかかったときのことだった。妙なことに、女性スタッフがトイレに何度となく立つのである。冬の寒い日だったのだが、そのお宅は暖房も効いていた。体の具合でも悪いのかなと思いながらも、じつは私も、先ほどから小用に行きたくてしかたなかった。

暖房で頭は暑くて汗が出るほどだが、なぜか下半身が寒くてそわそわする。体の芯（しん）から冷えてくるような感じなのだ。なぜこんなに底冷えするのだろう。そのとき思い出した。最初に訪れたとき、ドアを開けた瞬間、カビ臭いにおいがしていたような気がする。

鼻はすぐ慣れてしまうのだ。それでカビ臭さを忘れていた。底冷えのすごさの原因はそれと関係がありそうだ。思いついて、奥さんに尋ねた。床下を覗（のぞ）けるところは、どこかありますか。和室の畳をもちあげて、バールで床板をはがして覗いてみた。

なんと、驚いたことに、**床下は水でいっぱいだった**。しかも玉ねぎの皮や人参のしっぽなどが浮いている。床下の束（つか）（床下の柱）は腐ってズブズブと指が入ってしまうほどで、木部には白いキノコが生えている。それを覗いた奥さんは、「えっ、そんな……」と絶句。結局、この家はキッチンのリフォームどころか、すべてを建て替えることになった。

なぜ、こんなことがありうるのか。数年来の周辺の変化を聞いて、わかった。まわりの道路が舗装されたとき、**家の地盤が道路より低くなってしまった**のだ。亡くなったご主人が、家のまわりに土を入れ、建物の周囲を道路に合わせて高くした。そのために、家の床下は窪地（くぼち）の池のようになってしまったのだ。

道路の溝よりも、家の排水溝が低いのである。雨も通気口から床下に入り、なおかつ排水勾配（こうばい）が逆になるため、洗面の水やキッチンの水、風呂のお湯の排水などの生活用水まで、逆流して、床下に溜（た）まってしまった。

自然浸透もあるが、これだけの水が溜まってしまったのだ。それなのに、気がつかなかったのである。慣れとは恐ろしいもので、カビ臭さも底冷えも、住む人にはわからなかったのだ。

わが国の風土は湿気の天国なのだ。そして、**湿気こそが長寿の家の敵**である。これから家を建てるときには、こうした身の毛のよだつようなことがあってはならない。

家の基礎は地面より45センチ以上の高さにする。敷地の状態によっては、60センチ以上高くする。**通気口も四方につくり、床下の通気を完璧（かんぺき）に**して、湿気を避けることだ。

⑭ 元気で長生き、住まいも長持ちする風通しのいい家

いちばん気持ちのいい風は、どこに吹くのか。汗にまみれて登った山頂で、四方の山々を眺(なが)めながら吹かれる風は最高だろう。空気がおいしいとはこのことである。緑陰の草地に腰を下ろして、楽しく歓談し、ワインで上気した頬(ほほ)を冷やしてくれる涼風もすてがたい。直射日光をさえぎる樹木の代わりに、屋根がついたらどうか。東屋(あずまや)を吹き抜ける風である。これもよい。

昔の民家の深い庇(ひさし)の暗い部屋はどうか。南の開けっ放しの縁側と、北の掃き出し窓のあいだは、風の通り道である。さらに遠い昔の寝殿造り。外部を仕切る戸は、取り外すもの。内部の仕切りは動かせるものである。ここにも心地よい風が通り抜けていく。

湿度の高い日本では、風はごちそうなのだ。暮らしを楽しむとは、吹き抜ける風を楽しむことであった。昔も今も通り抜ける風はごちそうであるべきだと思うが、どうだろうか。

高気密、高断熱の現代家屋では、窓は閉め切り、風は換気扇がつくっている。小さな風である。換気扇の中はきれいなのか。もし汚れていたら、風も汚れている。換気扇はたいへんに優れた働きものだが、山頂の風のようにはいかない。緑陰の風のようにも、東屋の風のようにも、伝統的な日本の家屋のようにもいかない。

家というものはボリュームであり、その中にある空気も同じ体積をしたボリュームだ。長寿の家の空気がよどんできたら、さっと、外の清浄な空気と総とっかえしたいではないか。風の道をつくれば、一気にできる。**風通しは、元気で長生きする暮らしの基本**だ。**湿気対策は、**除湿機や吸湿パックも有効だが、**第一には通気である。**家のすみずみを見ていくとどうか。床下であれ、納戸であれ、押し入れであれ、クローゼットであれ、同じことだ。

納戸なら2方向、２カ所に窓か扉をつける。天気のよい日には、そこを開けっ放しにして風を通す。押し入れは上段であれ、下段であれ、必ずスノコ板を敷き空気層をつくる。壁との間にも空気層をつくる。クローゼットには換気扇をつける。そして天気のよい日には、扉を少し開けておき、風を通す。

個室であれ、風呂であれ、トイレであれ、キッチンであれ、わが国の**住まいを長持ちさ**

せる秘訣は通気で、通気は家にとっても、家族にとってもごちそうなのだ。時代が変われば工法も変わってくるが、このことはずっと変わらないであろう。

⑮ 寝室の足の方向に細長いスリット窓をつけて風を通す

年をとると、冷房に対して敏感になる。疲れたときや、雨の日に、クーラーのよく効いた部屋に長くいると、肩が冷えて首が疲れるのを感じる。肩こりの症状が起こり、しまいには足まで震(ふる)えてくることもある。それを防ぐために、飛行機や新幹線のグリーン車にはひざかけがそなえてあり、通勤電車には弱冷房車がある。

一方、冬にヒートポンプ式の電気暖房などで部屋を温めすぎると、乾燥によって喉(のど)を痛める。皮膚がカサカサになる。気管支炎や喘息(ぜんそく)にもなりやすい。これが、冷暖房をめぐるシニアの健康上のトラブルである。

そこで着眼したいのが、**自然通風**だ。暑ければ、窓を開けて自然の通気をしたいものだが、夏でなくても、自然の空気を入れたい。温度調節された人工的な室内で過ごすことが多い現代だからこそ、**自然の風に触れることが、生きものにとって必要**だ。

最近は、クーラーをよく効かせるために、窓を小さくし、開かなくした住まいが多くなっている。住みやすい長寿の家は、そういう家ではないはずだ。

どこに窓をつけるか、どういうふうに風が入り、抜けていくか、その風の通り道を、設計上考えておくことが大切になってくる。寝室のどこで寝るのか、リビングのどこに座るのか、自分の居場所を想定してプランを考える必要がある。

寝室を考えてみる。窓はどこにつけたらいいのだろうか。ベッドのヘッドボードの上に窓をつけたら、夏は、風が頭上から入ってきて涼しいだろう。冬はどうか。室内の温かい空気が、この窓ガラスで冷えて、冷気がちょうど自分の肩にふりかかってくるだろう。これは、とても耐えられない。

寝たときの足の方向に、開けられる窓があるといちばんよい。足元からの風は、夏に涼しい。引き違いの窓にしておけば、風の方向にあわせて、どちらか片方を開けられる。家具の配置によって、涼しく寝ることもできる。

窓を開けて寝れば涼しいが、無用心である。寝室が2階にあればいいけれど、それでも安心できない。網戸の外側に窓シャッターをつけるという対策もあるが、**開閉式の細長いスリット窓にすれば、光も入り風も通せる。**だが、泥棒は入れない。この隙間から風が入り、しかも防犯上安心できる。

贅沢(ぜいたく)ではあるが、クーラーをつけながら窓を少し開けておくことも大切なポイントだ。クーラーは、自分からいちばん遠いところにあって、風が肩や顔に当たらないこと。暖房も同じだ。空調機が天井にあって、温風が直接体に当たるのは不快である。

いま、夏も冬も扇風機やサーキュレーターが見直されている。換気のためもあるが、冷気や熱風をうまく送り、拡散させることにも使われている。風が入ってくる窓のところに置いて、サーキュレーターの風を天井にぶつける。風は回り回って、どこかの隙間(すきま)から逃げていく。

⑯ 家の中の段差は小さいものほど危険。徹底的になくす

家の中には段差がたくさんある。わずか１センチほどの畳と敷居との段差。高齢になると、こんなわずかの段差にもつまずいて、指の爪を剝がして「痛っ！」と叫ぶことになる。トイレや洗面所にも、排水管スペースのため段差があることが多い。

年を重ねるにつれ、小さな奥行きや高さを認識しにくくなる。動作も鈍くなる。若いときには考えられないことだが、布団や座布団にもつまずき転がってしまう。２センチもあるような分厚い絨毯を敷いたりすれば、まさに大事故になることもある。

玄関マットにも注意が必要になる。玄関マットの上にのって、そのまま玄関に滑り落ちていく。走り回る子どもによくあることだが、シニアが転落したりすれば、即骨折である。玄関マットにつまずいてそのまま土間に倒れる事故も起きている。

もっといえば、**玄関マットは本当に必要か**考える。なくてもいいのではないか。もしどうしても敷きたいときには、できるだけ薄いものにし、滑り止めのゴムの上に置く。

わずかな段差ではなく、はっきりした大きな段差はどうなのか。玄関の上がり框(かまち)や、リビングと、小上がりの和室との間の大きな段差。これを気にする人も多いのだが、室内の思いがけない事故という観点からいうと、安全である。

はっきりした段差は、シニアが見誤ることはない。むしろ上がり下りの際の腰かけにもなり、楽に上がれるのだ。**長寿の家づくりでは、大きな段差ではなく、思わぬところにある小さな段差をチェックする**必要がある。

同じ板張りがつづいていると、つい見逃すが、リビングとダイニングの間、ダイニングとキッチンの間には気を配っておこう。そこでは、ドアや引き戸のための敷居があって、その敷居がわずかに上がっている場合があるのだ。これが危険だ。これにつまずくのである。

ワゴンや車いすも通りにくいから、応急処置をする。市販のくさび状の薄板を両側に取り付けたりするが、意外にこれにつまずいたり、滑ったりする。

あらかじめ施工者に頼んでおけば、この問題は起こらない。床の仕上げの厚みが１・５～２センチだったら、敷居は３～４センチになる。それを同じ根太の上にのせて施工すれば、当然のことに誤差が立ち上がってくる。床下の根太を切り込んで、敷居を埋め込めば、室内の床面は平らになる。

フローリングが主流だが、リビングとフラットになる和室も人気だ。同様に、床の間も、かつて畳より10センチ以上高くするのが常識だったが、いまはすっきりした平らな床の間が登場した。モダンに、かつ室内を広く見せるために、床の間の床板（地板）を畳と同じ高さにするのである。

これらは一見バリアフリーだが、思わぬ事故や怪我につながっている。**フラットな和室は、スリッパを脱いで上がろうとしてうまく脱げず、転倒してしまったりする**ことがある。

フラットな床の間では素材の差が問題になる。畳には弾力があり、踏むとわずかに沈む。床の間の地板は沈まない。**踏むことによってわずかな段差が生まれる**のである。床の間に花を生けようとしたとき、**つまずいて前のめりに転ぶ。**手には割れやすい花器を持っている。バランスの崩れが増幅されて、思わぬ大きな怪我になる。

こういうことは、モダンな床の間が生まれる前にもあった。カーペットを敷き込んだとき、同様の危険を経験していたはずである。踏むとカーペットは沈むのである。この前例を忘れ、生かすことができなかったのである。

こうして見ていくと、まるでお化け屋敷ならぬ恐怖の段差屋敷の話をしているような気がしてくるが、まだまだ怖い段差はある。老いに備えた住まいでは小さな段差ほど避けたい。

⑰ 階段の手すりは両側に必要。構造とサイズにゆとりをもたせる

長寿の家の階段に、手すりをつけるのは常識であろう。じつは階段の事故は、シニアより活発に動きまわる子どもや、若者のほうが多いのだ。それも、上がるときより下りるときのほうが多い。

何か物を持っていて、足元が見えていないとか、リズミカルに下りているつもりが、足が遅れていたり、スリッパが脱げたり、滑り止めに引っかかったり。

そんなときでも、とっさに手すりにつかまれれば、滑落は防げるのだ。手すりは誰にとっても必要なものである。若者でも、酔ったときや、寝込んでいた直後に、ふらつきながら階段を下りると、階段がいかに恐ろしいものかわかるだろう。

そのため、家庭の階段にはたいてい手すりがついている。その手すりは、たいていが片方にしかない。上がるときの助けとしての手すりである。そして想定されているのは、右利きだ。

だが、**長寿の家の階段の手すりは両側が原則**である。

年を重ねてくると、階段は下りるときのほうが怖い。下りるとき、利き手側に手すりがないと、情けない思いをする。手すりは、階段が多少狭くなっても、両側にあったほうが安全なのだ。

階段の仕上げ材にも配慮したい。板張りの階段は誰もが好むのだが、板はかかとから足をおろしたとき滑りやすい。そのため、階段の段鼻に滑り止めをつけている家庭も多いだろう。

ところが、その滑り止めにつま先をひっかけて頭から落ちることがある。これは大事故だからと、各段面に溝を水平に数本掘ったり、全面に市販の滑り止めシートを貼ったりする。

そういう細部の細工もいいが、長寿の家の階段は、大きな構造として見て、つくり方を工夫したほうがよい。いわゆる**「行ってけ階段（鉄砲階段）」ではなく、途中に踊り場をつくる。**踊り場は広めにして、腰かけられるスペースを設ける。**階段の寸法は、蹴上げ（高さ）は18センチ、踏み板の踏み面（奥行き）は25センチ。**こうすれば、ゆったりして安全な階段になる。

この考え方は、階段にとどまらず、すべての段差のあるところに適用できるだろう。**上下移動がある場所には、必ず助けになる握りがどこかしらにあること。**さらにいえば、

体の向きを変えて、別の姿勢をとるところでも、手すりに相当する何かがなければならない。

イメージの家の中をさまよってみると、どこにそういう場所が見つかるだろうか。こういうときに使っている想像力が、住みやすい長寿の家を生むはずだと思う。玄関がまずあるだろう。それからトイレ。

トイレについては、このあと、別項でお話しする。

⑱ おすすめは引き戸、ドアノブならU型レバーに

長寿の家に凶器は厳禁だ。年をとるとドアのノブが凶器になるのである。

建て主の奥さんから「ドアのノブを換えてちょうだい、うちのドアのノブ全部」という電話をいただいた。夫が、自分の勢いよく開けたドアのノブに袖をひっかけて、くるっと体の向きが変わり、ドアに額（ひたい）を打ちつけたのだった。何針も縫う大怪我（けが）だった。

最近のドアノブは、ハンドルの形をしたものや、大きめの凝ったもの、しゃれたものが多い。そのデザインが災いとなったのだ。年をとってきて、運動神経が鈍くなると、こういうことも起こるのである。

奥さんもスカートの紐をひっかけたり、ポケットを破ったりしていた。ドアノブは手の届きやすい位置に取り付ける。それがちょうど腰の位置になったり、ポケットの位置になったりする。

レバーハンドルは押すだけなので、開け閉めが簡単なのだが、まるでひっかけるための鈎のようになっているから、ちょっとした拍子に袖などがひっかかる。丸いノブの場合でも、やはり同じことが起こる。私自身も、ノブに腰を打ちつけたり、衣服をひっかけて破いてしまったりしたことがある。

長寿の家には、**できるだけ出っぱりの少ないデザインのドアノブ**を探す。**レバーハンドルであれば、U型のもの**をつける（図6）。

ドアは、なかなかやっかいなものなのである。強い風が吹くと、急にバタンと閉まる。これははなはだ危険で、顔をぶつけたり、指を挟んだりする。

図6　ドアにはU型レバーハンドル

丸ノブシリンダー

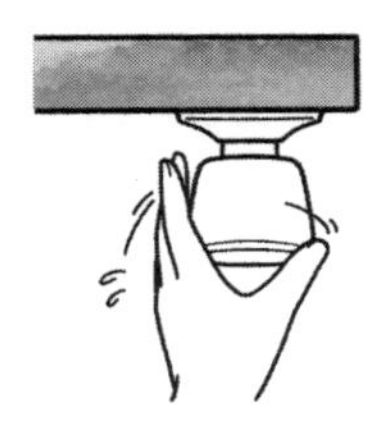

すべって開かない

レバー式シリンダー

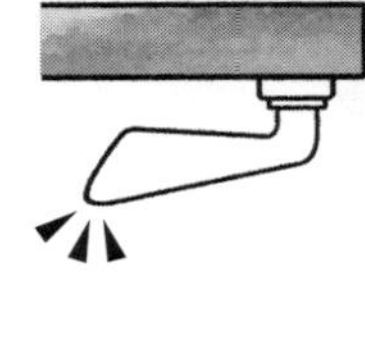

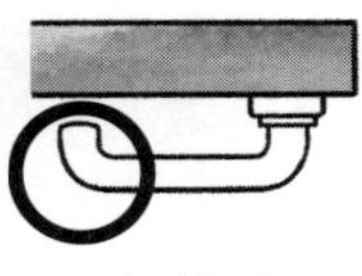

押せば開くレバー式は開け閉めが簡単

90センチの幅がある廊下に向かってノブのついたドアがあると、ドアを開けたとき、実際に通れる幅は80センチもない。大型冷蔵庫が入らず、ドアの蝶番（ちょうつがい）をはずして入れたというケースもある。

こういったことを何もかも避けられて安全なのが、引き戸である。

建て主さんには、「できるだけ引き戸にしたほうがいいですよ」と引き戸をすすめている。私の事務所も、引き戸である。

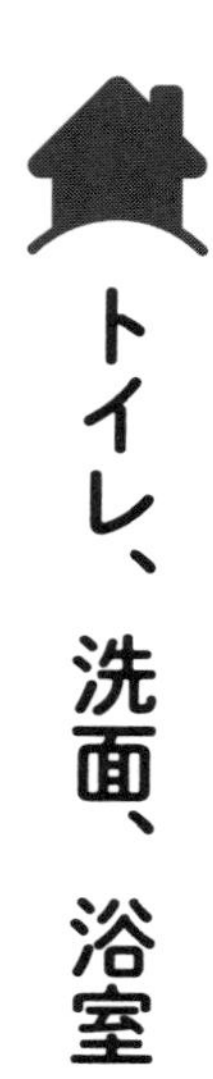

トイレ、洗面、浴室

⑲ 安心トイレは暖房、手すり、緊急ボタンを備える

年齢が上がるにつれ、夜中に何度もトイレに行くようになる。冬、寝室の暖かさから、ブルッと震えるほどの寒く冷えた廊下に出る。たどり着いたトイレも冷えきっている。これは苦痛であるが、それ以上に危険だ。脳梗塞(のうこうそく)や心筋梗塞である。

そこで**トイレに必要なものが暖房**だ。贅沢と思うかもしれないが、床暖房がほしい。簡単に暖房するには、市販のオイルヒーターやセラミックヒーター、温風ヒーターがある。いずれもサーモセンサーでこまめに温度管理をおこなう必要がある。

換気扇はタイマー付きのものにしたい。スイッチをオンにすれば、５分ほどで換気が終わる。小型のものであれば、常時換気もできる。天井扇の多くは、シロッコファンが使われている。これは、フィルターをこまめに掃除しないと音が気になる。

換気扇の取り付け位置は、座る頭の後ろか、あるいは背面の高いところが好ましい。前から引いて後ろへ排気するかたちであれば、においもスムーズに外に出る。天井の真ん中の頭の位置に取り付けると、下のにおいが鼻を通って上に抜けるかたちになる。ちょっとつらい。

照明も重要である。いまやトイレは健康管理の場所となった。便器の真上に下向きの照明か、壁付けのブラケットライトでも便器の中を照らすようにする。

こうしておけば、便や尿の様子を見ることで健康チェックができる。血尿などを早期発見できる。

便座は洗浄付きの暖房便座で、洗浄の仕方や暖房温度が操作しやすいものがよい。お尻に優しく、洗浄能力のよいものを選びたい。乾燥のための温風は、使用する人は少ないようだが、いざ自分で腰が持ち上げられなくなるときがきたら、必要だろう。

メーカーは、高機能ばかりを追求するのではなく、実際に高齢になっても使いやすい、きめ細かい配慮のあるものを考えてほしい。

たとえば、用が済んだあとの自動排水は、シニアのためになるだろうか。自分の排便状況をきちんとチェックする必要があるし、介護施設でも、介護、看護側が確認しているのだ。物を落としたとき、流されてしまって困るということもある。脳のリハビリのためにも、流したかどうかの確認が大事なのだから。

床材は暖かい材質の板張りがよい。ビニール床やタイル床は、掃除しやすいが冷える。このあたりを勘案して、壁も床から70～80センチのところまでは拭き掃除のしやすい素材の腰壁にしておく。たとえばスギまたはヒノキの立て板張りやタイル張りにして、その上は好みのクロスや吹き付け塗装にする。

いまはタイルもマット地で温かみのあるものが多く出回っている。トイレや洗面脱衣室は**壁や床をタイルにしても、水回りに強く清潔に保ちやすい。**

最後に安全を考慮する。シニアにとっては、**トイレの手すりは必需品**である。便器の左右にほしい。疲れたとき、めまいがしたとき、腕の力で立ち上がるときに役に立つからだ。

そして、**万一のとき、家族や近くの人に知らせる緊急ボタン。**用を足しているときにうつ伏せに倒れたときは、ドアの入り口の左右どちらかにあると助かるだろう。ボタンの位置は腰壁の位置より低くする。

⑳ スペースを広くし、ゆったり用を楽しむトイレ

長寿の家を楽しいものにしたいなら、部屋数は少なくてもいいから、家中、大手を振って歩ける広いスペースにすることだ。

トイレは、ラジオ体操ができるくらい大きくしたい。これなら運悪く倒れたときでも安心だ。狭いトイレだと、倒れたときにドアが開かなくなって、介助者が中に入れなくなることもある。トイレが狭かったために、命を落としかねないではないか。

トイレが広ければ、毎日の気分がいい。こんなことは、じつはみんなわかっているのだ。ただ、これまでは来客の応接を考えたり、リビングや子どものためのスペースを優先した

から、二の次になって、単に用を足すだけの小さなトイレができあがったのである。

健康に老いたいまこそ、**用を足す場所ではなく、用を楽しむ場所にしたい。**トイレは自分自身を見つめ直す場所であり、考える場所であり、健康チェックの場でもある。それには、それ相応の広さと明るさが必要になる。

老いたら、トイレに行く回数も増え、そこに行ってもサラリーマン時代のように急ぐ必要もない。そうしたければ、20分、30分座っていたっていいのだ。

一日の生活時間帯を考えると、トイレや浴室にいる時間を累計すれば、リビングにいる時間に匹敵(ひってき)するほどになるかもしれない。トイレは創造的で神聖な場所に変わっているのである。

そうなると、用を楽しむ仕掛けがほしくなる。**テレビのモニターを置いたり、本棚をつくったりして、ゆっくりと過ごす。**よそのお宅に行って、やあ贅沢だなあと感嘆するのは、リビングの豪華な調度ではなく、こんなトイレに入ったときではないだろうか。

21 洗面脱衣室とトイレをいっしょにして広くする

これまで住んでいた家をリフォームして、長寿の家をつくる場合、トイレをどうやって広くするか。限られたスペースでは、トイレも浴室もさほど広くはできない。そこで、思いきって**洗面脱衣室にトイレを設けてみる。**

子育て最中は家族も多く、トイレと洗面脱衣室を分けてつくることがふつうだろう。限られたスペースを２つに区切ると、両方とも狭くなる。長寿の家は、発想を転換するのである。

いままでの、トイレと洗面脱衣室の面積をプラスしたのだから、当然広くなる。そこに大きな鏡と洗面カウンターと便器がつく。面積は同じなのに、２つを１つにしただけで、なんとゆったりしたスペースになったことか。これなら体が不自由になったときでも、車いすも楽に入れる。介護もしやすいだろう。

リフォームするときは、トイレと脱衣室の壁を取り払う。そうすると**広いトイレ・洗面脱衣室と、それに接続したバスルーム**になる。

高級ホテルなどでは、広いバス・トイレ・洗面脱衣室が一体化している。長寿の家では、浴室とトイレ・洗面脱衣室をいっしょにすると湿気が高くなる。浴室はスクリーンで分離して、いっしょにしないほうがいいだろう。

㉒ 自立可能なトイレは寝室のそば、手つき台トイレにして安心

長寿の家のトイレは、自力、自立を、可能なかぎり延長するものでなければならない。トイレの場所とトイレの構造を工夫すれば、これが実現できる。

トイレに一人で行けなくなるということは、寝たきりになることだ。寝たきりになれば、排便のためのおむつが当てられる。

この瞬間から、その人の心身の状態が激変する。それは表情にあらわれ、動作にもあら

図７　トイレは寝室のそばに

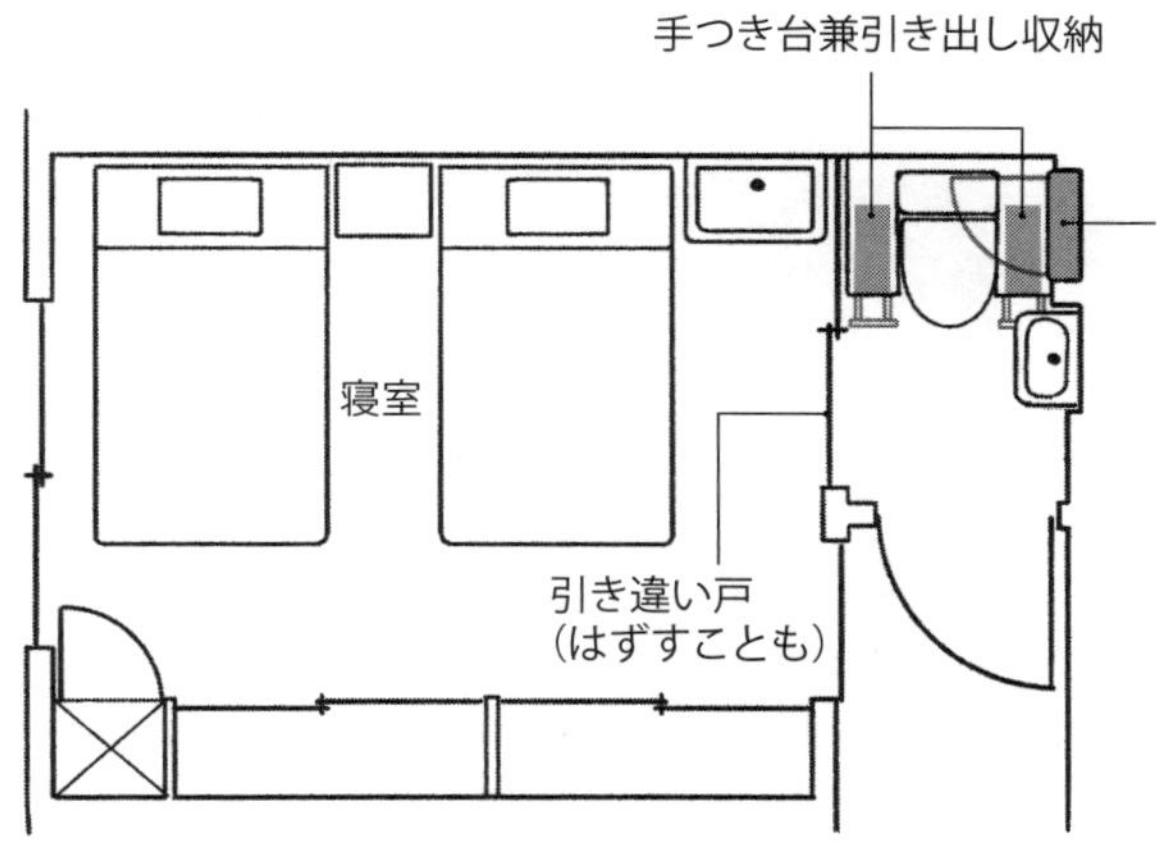

われる。連れあいのシュンとした、自信のない顔は、最後まで見たくないだろう。

私は、身障者施設や老人介護施設の改善に関与しているが、そこでも極力おむつをしないで、自力でトイレに行くように援助している。

健康な人にとっては当たり前なことだが、一人でトイレで排便できた人は、じつに嬉しそうな輝いた表情を見せるのだ。

それを見るにつけ、人間にとってトイレがいかに重要な場所か痛感させられる。長寿の家のトイレも同じ。二つの工夫が求められる。一つは位置、もう一つは便器周辺の改造である。

図8　手つき台トイレ

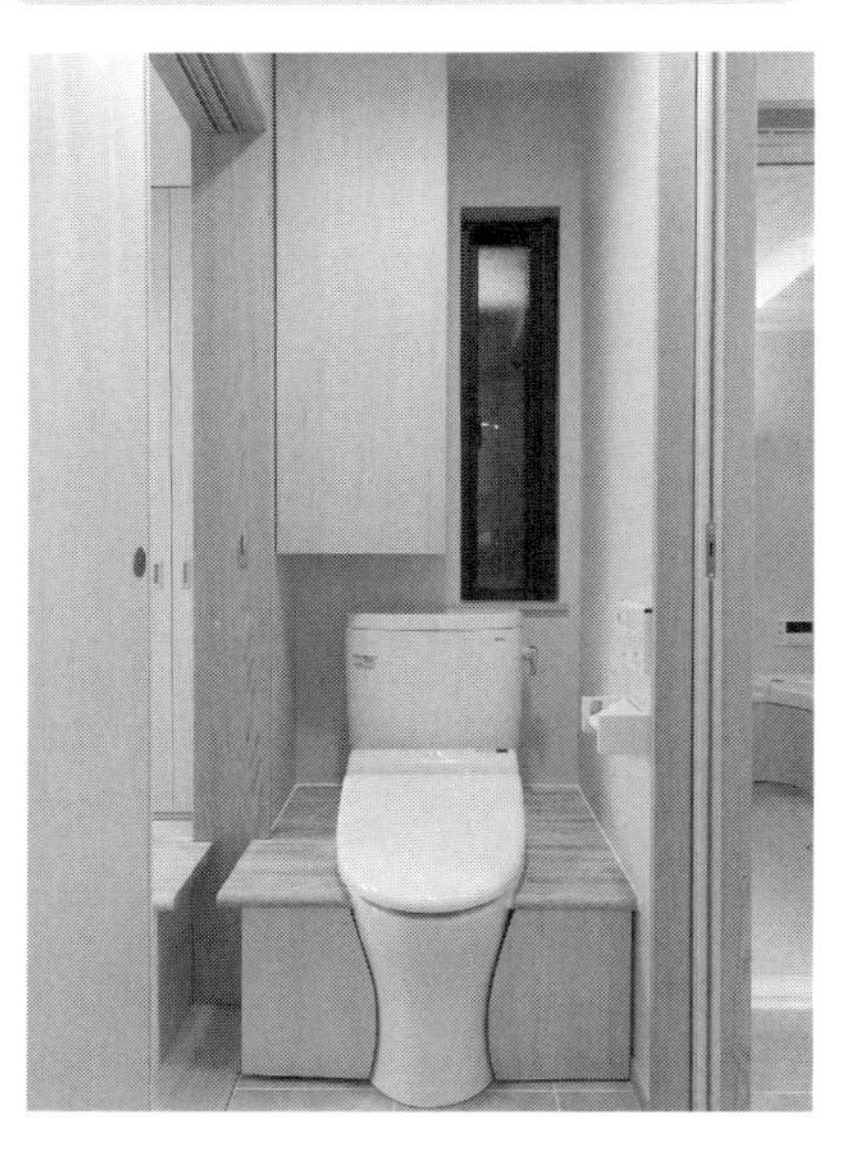

寝室から遠いトイレは心配のタネだ。深夜の廊下、寒い廊下、階段、長い距離であるほど事故の危険は大きくなる。**足腰が弱ってきたら、トイレは寝室に入れてしまう。**病院の個室と同じ考えだ。

しかも、**トイレの中の寝室といっていいほど、トイレをベッドに近づける（図7）**。

最初の段階では、間仕切りをする。出入り口は、低い姿勢、つまり這（は）ってでも開けられるよう、引き戸にする。

もっと衰弱して移動が困難になったら、引き戸を外してベッドをトイレに引き寄せ、直接便器が接するように模様替えする。自力で便器に乗り移り、用を足すのである。

このとき、便器の周囲にそれを可能にする工夫が必要となる。

洋式便器の両側には、腰かけ台のような収納をつける。この収納は、じつはこの台に手**を突っ張って用を足す補助、手つき台**なのである（**図8**）。

足腰が弱まると、手すりにつかまる握力がなくなるが、手を下に突っ張る力は残っている。毎回、この台に手を突っ張って自力で用を足すことは、リハビリを兼ねていて、長寿の暮らしを長持ちさせる助けになる。

健康な現在、こういう話を聞かされると暗い気持ちになるかもしれないが、それは間違いだ。誰でも、どんなときでも、もっている時間は現在しかなく、その現在が生きているすべてだ。

だが、生きようとする意欲も、できたと感じる喜びも、苦痛も、人生のそのときどきで変化していくものだ。現在と未来を比較することはできないし、意味がないのだ。

㉓ 浴室暖房でヒートショックを防ぎ、壁面素材にもひと工夫

浴室は、暖かいというイメージがあるが、実際には冬の浴室は寒い。外壁に面しているところに断熱材を使っているケースが少ないからだ。浴槽内にはお湯がはってあるので、多少は温度が上がっている。しかし、特に一番風呂のときの浴室は、まだかなり冷えている。事故のもとだ。

暖かい部屋から暖房のない脱衣室に移動したときもそうだ。冷たい脱衣室で衣服を脱ぎ裸になると、周囲の冷気に鳥肌が立つ。血管が収縮し、血圧が上がる。そんなふうに寒さを感じているままに浴槽に入ると、その瞬間ぶるぶるっと体が反応するが、危険である。いわゆる**ヒートショック、急な温度差で血圧が急変動して、心筋梗塞や脳梗塞の原因になりかねない**というメカニズムだ。

長寿の家は、あらゆる危険を遠ざけた、ゆったりお風呂を楽しむ家にしたい。冬も暖か

い浴室にしなければならない。その方法は二つの方向が考えられる。暖房。これは誰でもすぐに思いつくだろう。もう一つは、壁面素材を冷えやすいものから、冷えにくいものに張り替えることだ。

図９　総ヒノキ風呂、浴室乾燥暖房機付きの浴室

洗い場に一歩足を踏み入れた瞬間、冷たい床に接する。この足裏の感触はとても嫌なものだ。すぐむこうには温かいお湯がはってあるのに、なんという落差。極楽の前に、地獄を通過しなければならないほどの理不尽さである。

浴室床暖房にして、洗い場ごと床を暖めておきたい。風呂に入る30分くらい前から暖めておけば、浴室の中全体がけっこう暖まっている。**脱衣室も床暖**。こうしてお

けば、元気に衣服を脱げる。

浴室乾燥暖房でもよい。これは便利だ。浴室乾燥暖房を入浴の30分くらい前に設定して、暖められた浴室をゆっくり歩く。冷え冷えとした浴室や床であれば、どうしても足早に浴槽に向かうことになり、それが転倒の原因となることもある。

風呂から出たあとも、乾燥に設定しておけば、湿気（しけ）てカビがついたりしなくなる。

もう一つの方法は、壁面素材の工夫だ。**浴室内の壁、天井をヒノキの板張りにする**（図9）。ヒノキの無垢板は、香りがよく、除菌効果がある以外に、調湿作用がある。冷え冷えとしない、気持ちのよい空気をつくるのである。

これらは設備に注目したものだが、何も変更しないでできる浴室の暖め方がある。いまは湯温やお湯はりが自動設定できる給湯器がスタンダードになっているが、これを使わず、シャワーでお湯をためるのである。やや高めにした温水を、高い位置から浴槽にむかって放流する。

浴室内はスチームサウナ状態になって、暖まる。たまるまで若干時間がかかるが、温水は空気を含みマイルドになっているという利点もある。

こうしておけば、体温が奪われないですむし、床暖なり、浴室乾燥暖房を併用すれば、長寿の家はいつでも湯浴みを楽しめる素敵な温泉になる。お風呂は、毎日何度入ってもよいリラックスゾーンなのだ。

㉔ 浴槽の縁は床から40センチ、手すりもつける

入浴を楽しむためには、浴槽がきれいでなければならない。毎日入るから、毎日掃除してピカピカにしたい。だが、この浴槽の掃除で事故が起こる。この事故は、浴槽の縁の高さを考えることで防げるのだ。

浴槽は汚れやすい。老廃物もつくし、体を洗ったあとの石鹸も十分に落ちていなかったりする。浴槽は湯垢や皮脂などで汚れる。体の汚れを落とすところが風呂なのだから、これはこれでよい。

図10　入浴台(バスボード)

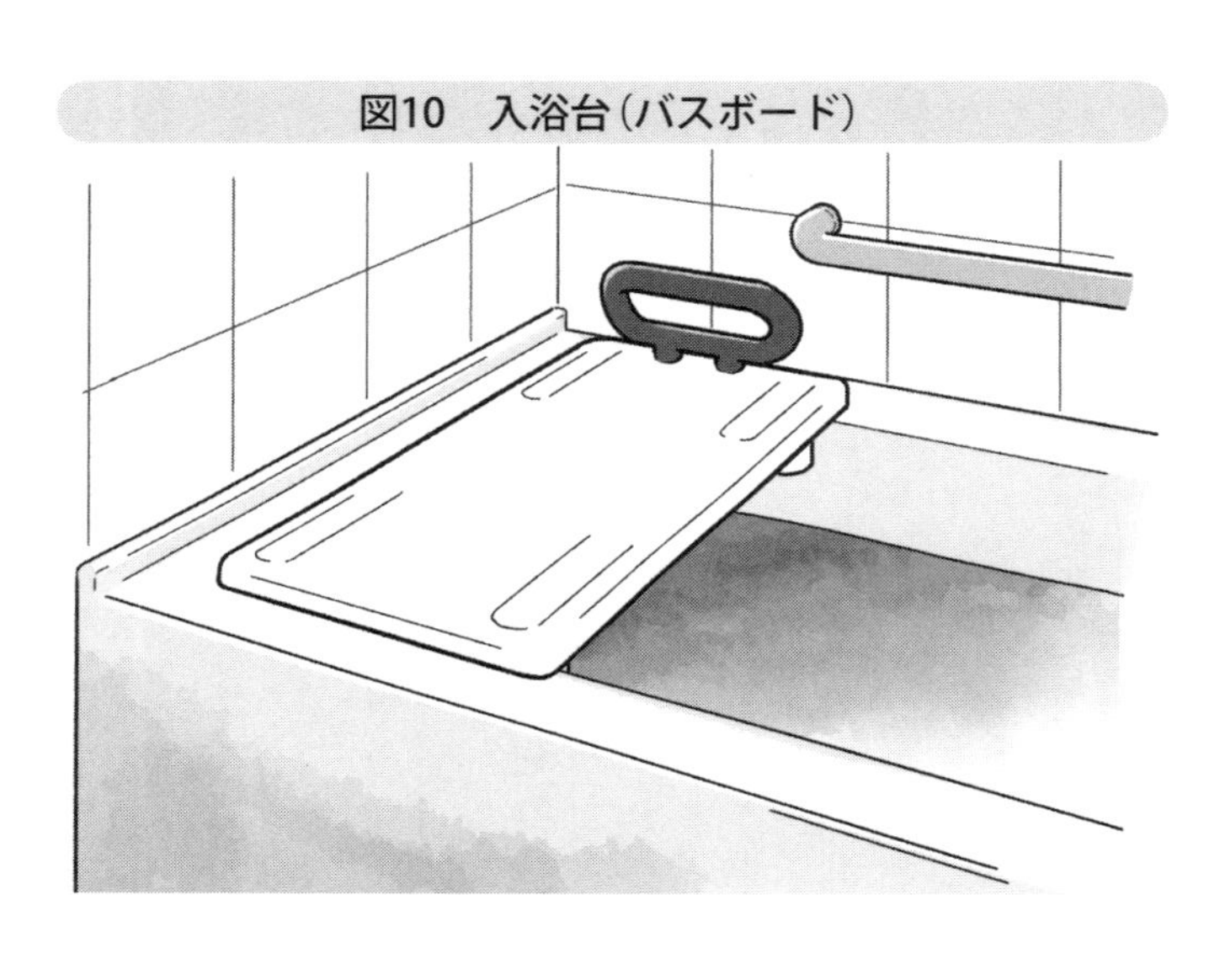

問題は風呂掃除のやり方にある。風呂の掃除は、翌日にするという家庭が多いのではないか。お湯はそのまま残し、次の日に流す。そうしておけば、夜間に火事があったとき消火に利用できる。断水のときは、トイレを流すことにも使える。

ためられたお湯は、冬なら次の日には冷え切っているだろう。問題は、風呂の栓を抜くときである。

これまでは浴槽の縁に手を当てて前かがみになり、栓についたチェーンを引っ張って抜く。だが、このチェーンが切れてしまっている家も多い。そこで、袖をまくり、冷えた水の中に手を突っ込んで、手探りで栓についた金属の輪をさぐり、引き抜く。

すっぽりはまっていると、けっこうな力がいる。

浴槽の縁が低いと、そのまま頭から落ちてしまう危険があった。冷えた水で心臓麻痺（まひ）さえ起こしかねない。

古い家だと浴槽の縁の高さは、床から25センチとか30センチと低いケースが多い。浴槽の深さは50センチから60センチ。高い床から、手を差し伸べて抜くから危険なのである。着ぶくれた自分の体重が、身を乗り出して浴槽の縁にかかるのだ。そのまま落ちるのも無理ない。

いまは浴槽についたボタンを押して排水栓が開け閉めできる**プッシュ排水栓**があるので、それに切り替えたい。

掃除のしやすさと、入りやすさのバランスを考えていくと、答えが出る。**風呂の縁は、浴室の床から40センチの高さ**が適当である。立った状態でまたいでも、足がひっかかりにくい。縁が広くなっていて腰かけられるタイプの浴槽なら、さらに安心だ。

縁が広くなくとも、安全な入り方がある。浴槽の縁にしっかりした台を渡すのだ。まずそこに腰かけ、足をもちあげて中に入れ、尻をすべらせて浴槽に入る。安定感のある入浴台（バスボード）も市販されている（**図10**）。

まず腰かけるというところがポイントだから、椅子でもよい。

忘れてならないのは、浴室や浴槽内の立ち座り用にしっかりした手すりをつけておくこと。この**手すりは、入浴時にだけではなく、清掃時にも役に立つ。**しっかり握って体をささえれば、浴槽の底まできれいにできる。

㉕ 浴室の手すりは4ヵ所、移動するラインに沿ってつける

お風呂は、無防備な裸で入るために、転倒事故が起きると大怪我になったり、運悪く死亡事故となったりする。浴室の床でのスリップ事故が多く、最初の一歩でツルッと滑る。年をとった人より元気よく飛び込んでくる若者がよく滑る。

長寿の家では、転倒事故が起こらないように、手すりを必要な箇所につけることが大事だ。計画するいまの元気な段階では不要と思うかもしれないが、やがて体の動きが緩慢(かんまん)に

図11　浴室の手すりの位置

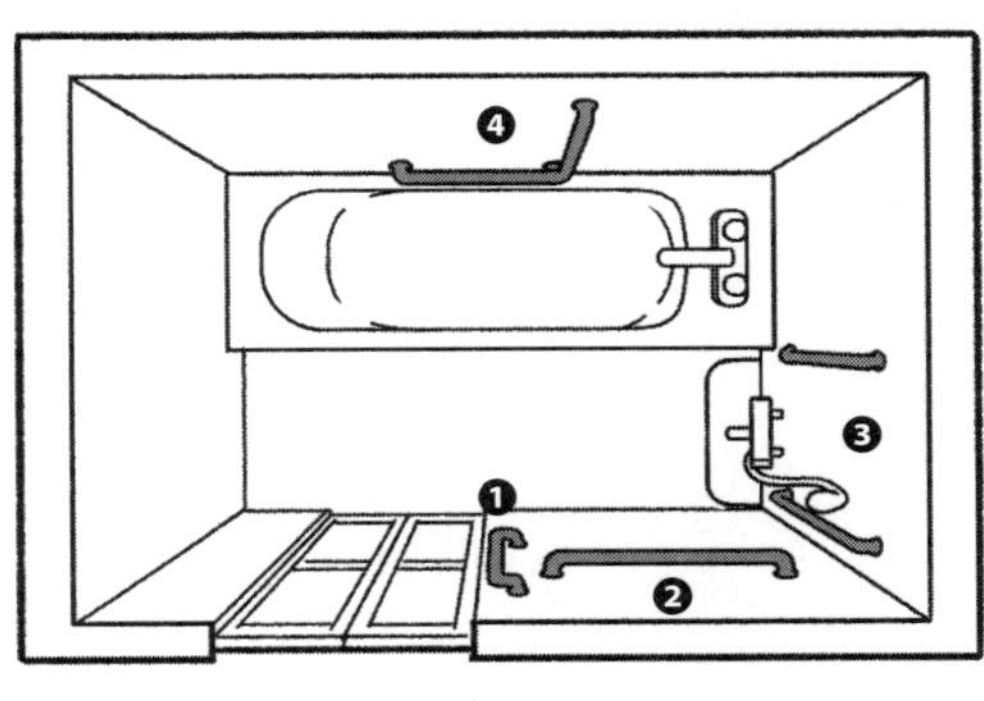

❶入り口（利き手側）　❷洗い場までの壁
❸洗い場　❹浴槽の壁

なり、浴室での移動がやっかいになるときがくる。浴室にも最初からつけておくのが賢明だろう。

では、どこにつけるか。**移動するラインに沿ってつける。ポイントは４つ**ある（図11）。

①**浴室への入り口（できれば引き戸が望ましい）を開けたときの、利き腕側**に最初の手すりがほしい。段差のあるなしにかかわらず、最初の一歩があぶないのだ。

②**入り口から洗い場までの間**。このときも壁の手すりをつかみ、伝わりながら移動する。

③**洗い場の立ち座り用の手すり**につか

まって椅子に腰かける。

④浴槽の壁にもL型の手すりをつけておく。浴槽につかるとき、立ち上がるときはこれをつかむ。

風呂から上がるときは、入ったときの逆順でゆっくり移動する。のぼせていたら、つかまったままのぼせが覚めるのを待つ。あるいは腰かけに座ろう。

このように、年をとると何事をするのにもスローモーションになる。それに備えるのが長寿の家なのだ。

㉖ 洗濯、物干しが楽になるスロップシンク、アウトドアリビング

毎日かかせない洗濯を快適にする、3つの提案をしたい。その3つは、洗い、乾燥、天日干しである。まずは、洗い。

図12　スロップシンク（ＳＫ流し）

洗濯機は全自動となって楽にはなったが、まだ完全ではない。がまんしていることがあるはずだ。洗剤の水でかき回すつけ洗いか、ドラムの上からドスンと落とす叩き洗いだから、洗い方に行き届かないところがどうしても残る。生地によっては手洗いをしたいし、部分的に洗濯板でもみ洗いしたくなる。

そのとき、どこでもみ洗いをしているだろうか。

洗面台のシンクは小さすぎで、まわりじゅうに水をはね飛ばしてしまう。浴室でやるとなると、体をかがめて窮屈な姿勢になってしまう。体を低く丸めて力を入れるから、腰痛はほぼまちがいなく起こり、場合によっては網膜剥離（もうまくはくり）とか眼底出血の危険もはらんでいる。

いまの住宅設計は、システムキッチンや、食洗機のような高機能のものを取り入れることを前提として、ローテクは排除されている。その排除されているもののなかに、**スロップシンク（SK流し）**というものがある**（図12）**。学校などの公共施設のトイレで見たことがあるだろう。

分厚い陶製の大型シンクの上に水道の蛇口があるという単純なものだ。シンクが深いため、水はねを気にしなくてよい。これが私の提案する洗濯流しである。

これを洗濯機の横に置く。これがあれば、大きな深いシンクの中に洗濯板を立てかけて、立った姿勢のままゴシゴシ洗い流すことができる。多少の汚れは問題なく、粗相をした衣類もここで洗い流せる。

スリッパやスニーカー、室内マットやペットを洗うときにも、この洗濯流しは威力を発揮する。お湯を使いたいなら、給湯栓をつけるが、幅はせいぜい50〜60センチ。野菜の丸洗いや草花の保管もできる。こういう便利なものが、家のスタンダードに含まれないのが

図13　アウトドアリビング

不思議なくらいである。

乾燥に関しての不満もよく耳にする。ドラム式だと転がして乾かすから生地が傷む。ほつれが起こる。２番目の提案は**洗濯物の乾燥についてだが、先述した浴室乾燥機がおすすめ**である。これは風呂の湿気を自動的に取り去る換気扇である。また、寒い冬にお風呂に入ろうとするときには、浴室そのものを暖め乾燥させる予備暖房になる。

単なる換気扇に比べて、カビの水分を取り除くことができる。このカビがつかないだけでも、浴室の掃除はたいへんに楽になる。

浴室の天井に、突っ張り棒のようなバー

を何本も渡せば、洗濯物を乾かす乾燥室になる。生地を傷めず、カラッと乾燥するし、浴室も乾燥して一挙両得である。

そうはいっても、日が当たる日にはやっぱり天日干しだ。布団も日に干したい。そこで3つ目の提案は物干しである。

リビングやベランダに**90センチないし1メートルほどの高さの、低めのスタンド型洗濯物干し**を置く。シニアの手の届きやすい範囲は肩から腰の高さだ（第3章(62)）。低めの物干しなら、そのままリビングにさっと取り込め、布団も引きずり込むことができる。

長寿の家では、**リビングの内外に置く、この低めの物干しがおすすめ**である。

また、こういう素敵なプランもあるが、検討してみてはどうだろうか。名づけて、**アウトドアリビング**である（**図13**）。

リビングの外に、もう一つ庭のような空間を設ける。**物干しを兼ねた第二の住空間**である。あらかじめ、この庭にアルミ枠や木枠にアクリルやガラスで塀をつくっておく。これがアウトドアリビングの外壁となる。

物干しだけでない。**ここをテラス代わりに、バーベキューをしたり、チェアリングでくつろいだりしてもよい。**この使い道を考えるのも、長寿の家の楽しみとなるだろう。

㉗ 寝室、トイレ、洗面、浴室を一列に並べて介護に備える

水回りをサニタリーというが、衛生的あるいは清潔という意味だ。トイレ、洗面、浴室といった水回りの位置は、長寿の家にとって、大事な意味をもっている。自力でトイレに行けなくなるという、このわずかな変化で一気に老け込むのである。

住宅における水回りとは、食べるためのダイニングキッチンの水回りとはちがって、排泄や入浴のためのものだ。人体でいえば、肝臓や消化器、あるいは腎臓、肛門、膀胱、泌尿器のように密接している。

人体の臓器の配置が芸術的といえるほどコンパクトにまとめられているように、家の中でのサニタリーの配置も高度の考慮が必要である。

シニアの住まいでは、**寝室、トイレ、洗面、浴室が一列につながった設計が望ましい（図14）**。この一列というところに意味があるのだ。

寝室からドアを開けると、すぐにトイレがあり、便器に腰かけられる。そして右か左に洗面台があり、鏡があって自分を見ることができる。そこは洗面脱衣室でもあり、裸になれば全身を見ることができる。ドアを開けると浴室。洗い場があるシャワー室で、その脇に浴槽がある。ここまでの間に段差はない。

壁面にはこまめに手すりがついている。トイレの前の壁には手すりがついていて、自動洗浄のあとも、自分で拭くのを助ける。タオルやトイレットペーパーなどをしまっておける収納スペースは、座ったまま手の届くところにある。

入浴するときは、寝室のベッドで下着まで脱いでいく。贅沢をいえば、浴槽はジャグジーバスになっているのが望ましい。元気なうちはその泡を健康マッサージに、体が衰えてきて、動きが不自由になったら、浴槽に浸かったままボディソープを入れてジャグジーの泡で体を洗う。

図14　寝室、トイレ、浴室を一列に

寝室、トイレ、浴室が一列に並ぶ

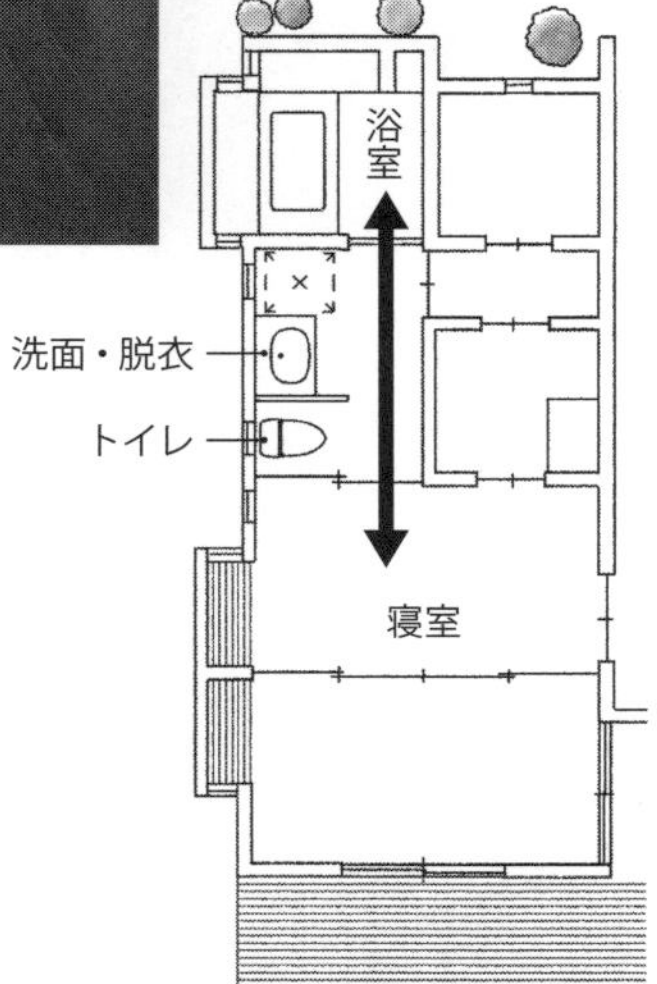

洗い終わったら、その湯は抜いて手元のシャワーでボディソープの泡を流し、バスタオルで全身を拭く。

さらに衰えを感じるようになったらどうするか。どうなっても対処の仕方はあるのだ。そのために長寿の家を建てるとき、**この一列の水回りの上にレールを敷けるように、天井の桟（さん）を多くして、強度の高い構造にしておく。**

このレールとは何か。介護者が操作パネルで動かす小型リフトがある。この**天井走行リフトを設置するのだ。**

リフトは、ベッドに寝ている人の体を起こして吊（つ）り上げることができる。床に移動したら、モノレールのようにぶら下がって体を支持し、歩いて移動する。歩くことに違和感があれば、全身を抱き上げて動くこともできる。

こうして、寝ていたベッドからトイレの真上まで行く。トイレの上から下げて便座に腰かける。そのまま支えて、用がすんだら吊り上げて洗面で手洗いをし、ベッドにもどる。

本来、リフトは、介護者が手元に持った操作パネルでおこなうものだが、この一連の動きは、自分でも操作できる。これに慣れて、家の中を自由に動き回るようになった足腰の不自由なシニアも実際にいるのだ。

足腰の麻痺にもかかわらず、長期の自立生活をしている人もいて、その助けになっているのがこのリフトである。

動けなくなったらどうしようという不安は、その対策が見えていないから湧き上がるものだ。将来的にはこんな対策だってありうる。洗面台もトイレも浴槽も、寝室に配置し、ベッドから即トイレ、さらに浴槽という室内配置にするのだ。

ベッドが置かれている部屋そのものが、病室や介護空間になるという発想だ。みんな同一室内にあるという点では、ホテルの部屋と同じ、わが家では裸の空間だ。

キッチン

㉘ キッチン中心の「カニの横歩きプラン」でらくらく家事

快適な家とは、どういう家か。長寿の家の設計は、それを考えることでもある。まず、使いにくい、不快な家の姿を知っておこう。その逆をいけばいいのだから。

高齢になると、動作が緩慢（かんまん）になる。こまめに立ったりしゃがんだりするのは苦手だ。収納されたものを探すのに、そういう動作がいちいち必要だと、家事がおっくうになるだろう。おっくうになった自分を責めることはない。そうなって当たり前なのだ。

キッチン周りを移動するのに、やたら段差があって、しかも運ぶところまで距離がある。

図15　キッチン、洗濯、浴室を並べた「カニの横歩きプラン」

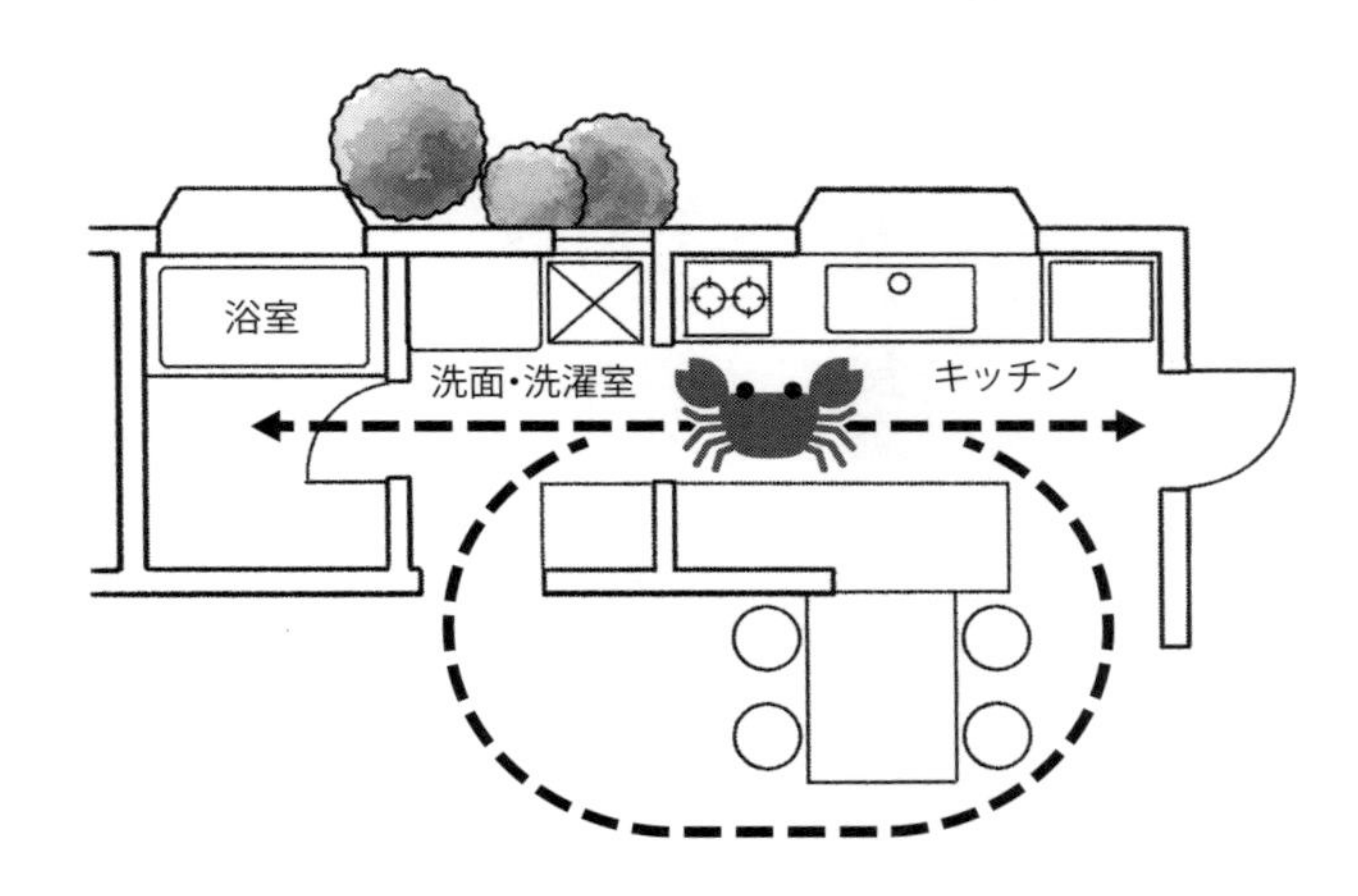

これもごめんだが、意外とあるのだ。来客を多くしたいと設計したにもかかわらず、来客スペースがキッチンから遠く離れている。これもいやな家だ。

ムダを圧縮すべき場所はどこだろうか。それは水回りである。**キッチン、洗濯室、浴室だ。**家事はキッチンを中心に考えるから、**この間の移動が圧縮されていると、生活しやすい。暮らしや家事が楽しくなる。**

そこでキッチン、洗濯、浴室を一列に並べた**「カニの横歩きプラン」**である（図15）。カニが横歩きで右に行ったり左に行ったりして、餌を取ったり巣穴を掘ったりしているが、イメージはあれだ。

いちばん右にキッチン、その横に洗面・

洗濯室、そして浴室が接している。洗濯機を回し、浴槽にお湯を入れ、夕食の準備をはじめる。

自動給湯器から「お湯はり完了」と電子音のお知らせが聞こえたら、左にサッサッサッ、右にサッサッサッ。「洗濯終了」のお知らせが聞こえたら、また左にサッサッ、右にサッサッ……。

こういうイメージで、最短距離の移動で、お風呂の準備が終わり、洗濯が完了し、夕食もでき上がる。

㉙ らくちん食卓。動かないですむ対面式カウンターテーブル

キッチンとダイニングの関係も重要だ。キッチンからテーブルまでの距離があっては、料理や食器を運び、片づけるのに手間がかかる。この間の距離は短いほどよい。

いちばん望ましいのは、対面式のカウンターテーブルだ。調理しているその場から、手

を伸ばしてカウンターに食器をのせられる。移動距離ゼロ。食事がすんだら、そのまま洗い場に下げられる。

座って食事をはじめたとき、互いの後ろに収納スペースがあって、ワイングラスをスッと取れるとか、ちょっと手を伸ばせば薬が取れるのは、とてもらくちんだ。

カウンターテーブルの下にトースターやコーヒーサーバーが置いてあれば、すぐに取り出せる。**座ったまま、立ったりしゃがんだりせずに食事が楽しめる**のだから、まさに長寿の家に向いている。

ところが、実際は別の要望が出てきたりするのだ。どうせ二人きりだから、台所は小さくていい。電気釜は見た目が悪いから、台所の棚の中に入れて、隠してほしい……。

簡素にすっきり暮らしたいという意図はわかる。しかし、実際にそうしたら何が起こるだろう。

電気釜などをキッチンの戸棚の中に入れると、食事のつどダイニングへ運んでこなければならなくなる。あるいは、そのつど茶碗を持ってキッチンの扉を開けて、さらに電気釜のふたを開けて、ご飯を盛ることになる。そんなことなら、電気釜は食卓の下か、その近くにあるほうがいいということになる。

そこまで説明して、やっと対面式カウンターテーブルの提案が納得される。キッチンとダイニングが合体したものだから、長寿の二人の日常のための、親密でらくちんな食卓となるだろう。

㉚ パントリー、キッチンランドリー。キッチンを便利に自由に使う

らくらくと料理をしている姿は、連れあいにとっても、訪ねてきた知人、友人にとっても見ていて楽しい。動きが流れるようで美しいと、これからはじまる食事への期待も高まるものだ。

素晴らしいデザインのシステムキッチンが輝いていても、動線が無視されたキッチンでは、動きがぎこちなくなる。ものが取りづらそうだったり、ダイニングがひどく離れているために、ばたばた走り回っていたりしては、動きの美しさは感じない。

キッチンを中心にくるくる回れる（回遊動線）ように設計しておくと、家事は軽快なも

図16　キッチンから、洗濯機、ダイニング、リビングなどを回遊する「サーキットプラン」

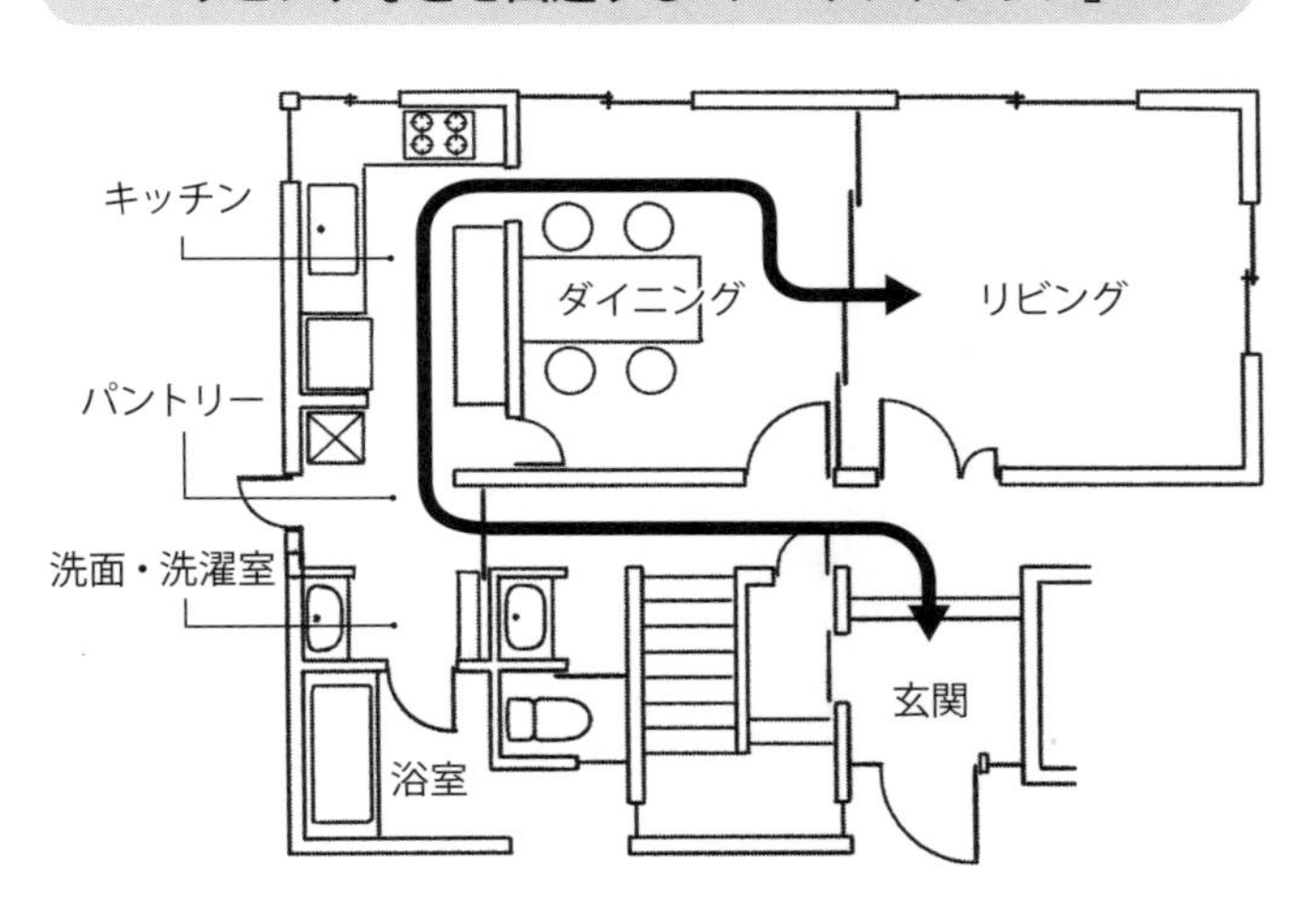

のになる。名づけて「サーキットプラン」（図16）。

キッチン、ダイニング、リビング、玄関ホール、パントリー、キッチンとくるくる回遊できるから、らくらく、軽快に家事がこなせるのだ。

パントリーは、食材のストックや調味料、調理器具などを置くスペースだ。箱で届いた野菜や果物など、ひんやりした場所に保管したいとき、ここに置いておく便利な場所でもある。

勝手口をつければ、買い物してきた重い荷物をちょっと置いたり、生ゴミ置き場にもなる。洗濯機をここに入れて、ちょっとした作業スペースにしてもよい。

リフォームによって長寿の家をつくるときには、次の点を考慮したらいいと思う。キッチンとダイニングが離れすぎているようなら、その間にサブのシンク、配膳台を置く。

キッチンと洗濯機のある脱衣室が離れている場合は、**思いきって洗濯機をキッチンの中に入れてしまう。いわゆるキッチンランドリー**だ。その横に洗面台を置き、隣に浴室をつなぐ。このスペースには、キッチンを通らずに行けるように、出入り口をつくっておくとよいだろう。

31 キッチンの隣に、書斎兼家事室の「夫婦室」をつくる

長寿の家に、夫のための独立した書斎は必要だろうか。仕事がら必要とする人もいるに違いないが、もし夫が憧れで書斎をといい出したのだとしたら、私の経験上、結果は見えている。使わないのである。

もう一方では、自分に書斎は似合わないと、振り向きもしない男たちがいる。その一人の話をする。

両親が亡くなり、その家に住むことになった。何の不満もなかったけれど、部屋数が足りない。子どもが3人いて、彼らに部屋を与えたかった。それで改築することにした。

彼は書斎を求めなかった。自分は個室はいらない。その代わりいるものがある。一つは広い浴室、しかもサウナ付きがほしい。もう一つは掘り炬燵でぬくぬくしたい夢がある。3つ目は、いつか本格的な屋上菜園をつくりたい。

2階にベッドルームが4室。サウナ付き風呂を同じ2階につくった。1階は家族団らんのできる広い居間と唯一の畳の部屋。畳部屋は仏間なのだが、畳は掘り炬燵仕様にした。屋上を堅牢にするために3階建ての建築仕様である。

「私には書斎の概念も、希望もなかった。1階の広い居間のコーナーに、私の机と書棚と趣味のもろもろが雑居しているのは、主である自分が、家族といっしょにいられる広い部屋に君臨する、というイメージかもしれない」

そして、時が経った。彼は退職して、広い居間の自席でパソコンに向かい、自分のしてきた専門分野に関するブログを書いている。趣味のスキーを力学的に分析したり、毎朝の山盛りサラダを供給している屋上菜園の試行錯誤、不穏な世界情勢についての批評などにもおよぶ。

妻はその向こうのキッチン側で、自分のパソコンでオンライン会議をしている。東欧の好きな小さな国の物産を個人輸入しているのである。

子どもたちは成人して出ていった。一人だけ残ったのがＩＴの会社を起業した息子で、板戸を外して開放的になった畳部屋であぐらをかいて数台のパソコンを操っている。君臨するはずであった大きな居間とそれに隣接する畳部屋は、家族それぞれが使い、お互いの気配が感じあえる一つの空間になった――。まさに、あるがままの老いである。

書斎は、ある意味で引きこもりの部屋である。そこにこもった男たちは、妻が掃除のために入ると怒る。触るな、というのである。まるで何か秘密でも隠してあるかのように。老いて長寿になり、和やかに穏やかに暮らしたいのに、これではどうしようもない。

もしどうしても書斎がほしいなら、**広いリビングに二人それぞれのコーナーをつくったらよい。**あるいは、**夫の書斎と妻の家事室を一つにした夫婦室を、キッチンに隣接してつくったらどうか**（図17）。

図17　キッチン隣接の書斎コーナー

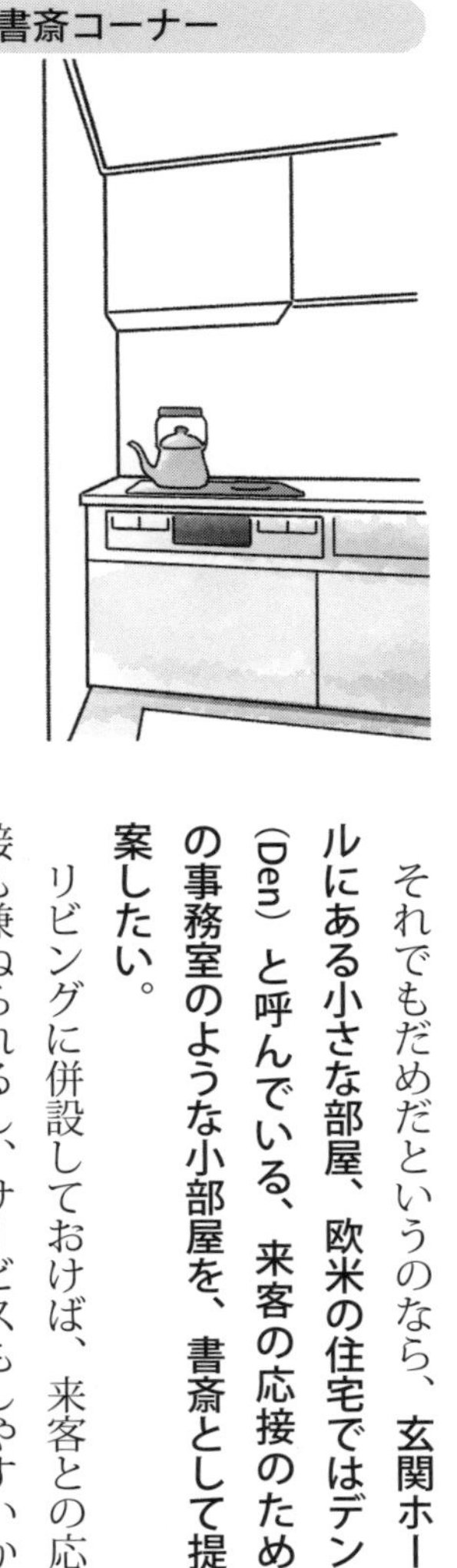

それでもだめだというのなら、**玄関ホールにある小さな部屋、欧米の住宅ではデン（Den）と呼んでいる、来客の応接のための事務室のような小部屋を、書斎として提案したい。**

リビングに併設しておけば、来客との応接も兼ねられるし、サービスもしやすいから、孤立が避けられる。しかも1階だから、書棚いっぱいの重い書籍もだいじょうぶで、もし、そうしたいのならミニ図書館にもできる。

閉じる書斎はすすめられない。家族に対して、来客に対して、開けたかたちにするならいいと思う。これが長寿の家の発想である。

㉜「わが家スナック」のカウンターでおいしいブランチを

スナックがはやったのは、1960年代だっただろうか。フォークグループの歌うラブソングの歌詞にも出てきた。その後、居酒屋の流行を経て、いままた、スナックがひそかな人気を集めているようだ。若い人にはむしろ、スナックの昭和感が新しく感じられるらしい。

人が食をつうじて集まる空間は、時代によって変わっていくが、ぬくもりのある空間に人は魅せられる。

長寿の家の二人にとって、スナックは懐かしさ満点だろう。私が提案したいのは、**ダイニングカウンター、それもLDKをどーんと広く使った「わが家スナック」のカウンター**だ（**図18**）。

テーブルで対面して食事をする、これはこれで正統派だ。スナックのママ、もとい妻の

図18　「わが家スナック」のカウンター

支度した鮭の塩焼き、肉じゃが、切り干し大根と鶏手羽の甘辛炒め煮、わかめとキュウリの酢の物、油揚げと青菜の煮びたし、ナスのお味噌汁……。こういう食事は、感謝しながら対面でゆっくりといただく。

カウンターとなると、対面はくずれる。夫はカウンターの好きな位置に座る。妻はどこだろうか。その横か。コーナーか。こういう変則も新鮮なものなのだ。

食事時間は、支度する妻の事情によって遅くなったりする。疲れていることもあろう。前日に楽しい催しがあり、盛り上がりすぎて、翌日の朝食の時間がずれていくこともある。一日三食、同じ時間に食事とはいかないものだ。

ただ待っているだけの夫には、それに苦情をいう資格はないわけで、出されるものをありがたく楽しむ。もし腹が減ってつらかったら、コーヒーを自分でいれて飲むなり、冷蔵庫内を探して、何かしらある残り物をつまむなりして、時間を稼いでおけばいい。

文句は無用。とはいえ、待ってばかりではつまらない。長寿の家では、夫もときどきはつくる人になるのだ。

遅く起きてきた妻に、「軽食だけど、ブランチをどうぞ」、とワンプレートの食事を出してみる。サラダ、卵焼き、ベーコンのかりかり焼き、近所のおいしいベーカリーのパン。紅茶、オレンジジュース、ヨーグルト。

妻にサーブする夫を、カウンターの端から、猫がのんびり眺めている。

食事が終われば、「満足、満足」と笑みを交わす。いろいろな状況の食事を、そのときどきで楽しむのも、長寿の家の楽しい気ままな暮らし方だろう。

リビング、ＬＤＫ

㉝ 朝日がたっぷり入る東南角のＬＤＫで、心晴れやかに

ずっと在宅で仕事をしてきた男たちは、家の中の自然を知っている。一日で、家の空気、朝の光線の輝き、床面に落ちる窓からの光の移り変わり、温度の変化、外から入ってくる音、それらが、まさに自然のいとなみのように変化するのである。

家にいることの多い女たちには、そんなことは当たり前のこと。家の中の変化は、一日の時間の推移だけではなく、季節によっても変化する。

しかしずっと外勤で、退職して妻と長寿の家に暮らすことになった男たちは、はじめて

図19　朝日が入る東南角ＬＤＫ

それらを経験するのである。もし感性がすり切れていなければ、驚きも多いはずだ。

夜行性でないかぎり、すべての動物は、生まれながらに太陽への指向性がある。本能的に日光を求める。陽射しを浴びると、あったかくて心地よいと感じ、日当たりのいい部屋にいるだけで心が晴れやかになる。

私の大事な提案。

リビングダイニングは、その家で日当たりがいちばんいい場所に置くようにする。さらにできれば**朝日が当たる場所。昼下がりまで日差しが入るのが望ましい。東南の角がその条件を満た**

すだろう（図19）。ここに、キッチンも持ってくる。

朝のシーンが劇的になるのだ。

起きてくる。明るいテーブルにつく。すみずみまで陽射しが入り込んでいる。朝日を浴びながらの朝食の支度は、何よりも手元が明るくて気分もいい。長寿の家では、こういう朝の時間が重要である。

テーブルの上の新聞を閉じ、窓を全開にして、まぶしい空を見る。瞳がぎゅっと収縮して、頭も醒（さ）める。

２階であれば、はるかに遠くを見やる。開放感がやってきて、なんだか笑いが浮かんでくる。

この朝のために、家を建てる！

㉞ ソフト間仕切りで大きな空間、お互いの気配が伝わる暮らし

本当のことをいうと、**長寿の家に個室はいらない。すべての空間がずるずるつながっている、不思議なワンルーム空間の家でよい。**そうするには、いろいろと工夫も必要になる。その工夫の話をしよう。

子育ての時期、夫は仕事で権力争いの真っ最中であった。日々の暮らしをつかさどる妻は、家事に奮闘していた。夫婦それぞれが闘いの主人公だったのだ。二人がじっくりと、また、ゆったりと向かい合うことは、まれだったはずだ。

そして、いまになって、やっと二人が向かい合い、いっしょに暮らすという意味を味わえるようになった。

いちばんやってはいけない暮らし方は、個室にこもることだ。

子育てを終えた妻が、社交を楽しむ時期を満喫(まんきつ)する中で学んだことを、仕事一途だった

夫は学んでいない。ここに大きなギャップがある。新婚のときは別にして、ずっと夫は、妻の顔をまともに見ていなかったから、急にまっすぐ見るのが恥ずかしい。どうしていいかわからないのである。

個室があれば、これ幸いと逃げていって、そこに立てこもってしまうのである。そんな引きこもり生活を送る高齢の男たちは、じつに多い。そうして暮らしのリズムを失い、生気を失い、多彩な交際の楽しみのある社会に復帰できなくなる。そういう男にとっては、社会とは会社だけだったのである。

長寿の家は、そういう男を、もう一度ちゃんとした男に仕立て直す家である。その家はどういう発想で建てられるのか。基本になる発想を考えてみよう。

寝室は別室なんてとんでもない。リビングの両端に夫と妻のベッドがあるくらいでよいのだ。そうすれば、いびきがうるさいとか、冷暖房の適温が違うとか、個室にする理由は解消してしまう。お互いの気配を感じながら、不安もなく、ぐっすり眠ることができる。

この発想を、家全体に広げてみる。

リビングの大きな空間では、**いつも相手の姿がちらちらする。気にするということは、**

思いやるということと同じ心のはたらきだ。しだいに相手に心が開いていき、いっしょに暮らすという意味が、華やかに、しっとりと、なんだかくすぐったい感じでわかってくる。

間仕切りをなくす。これが、長寿の家の演出なのだ。

完全に間仕切りを取り去ったら、建物の強度に問題が起こってくる。引き戸など**開け閉めできる間仕切り、つまりソフト間仕切りを多用する**のである。

壁をなくす。その代わり方杖（ほうづえ）や筋交（すじか）いといった斜めの材を入れ、柱の強度を補強する。

引き戸は、ガラスや半透明のプラスチック。相手がどこにいるかいつでもわかる。声をかければ、振り向くだろう。引き戸を開け放てば、風と光を導入することができる。

その内部を埋めるのが、二人の趣味。なければ、新たに始める。いっしょに始める。

ソフト間仕切りで、二人のあいだの仕切りが外れれば、意外と気があって、じゃあ、みんながやらない外国語を覚えましょうか、なんてことにならないとも限らない。

35 趣味、書斎、教室とフレキシブルに使えるリビングルーム

リビングルームは思いがけない変貌を遂げることがある。メタモルフォーゼ。緑色の虫が蛹をへて華麗な蝶になるように、だ。

逆にいうと、**リビングルームを上手に使うのは意外とむずかしい**ということでもある。テニスから帰ったら、リビングのソファで二人で歓談したり、ゆっくりと夜の紅茶をと思っていたのに、取り込んだ洗濯物をドサッと積み上げる場所になっていた、とか、夫のごろ寝場所に占有されていたとか。

リビングを発展させよう。60や70の手習いは、よくあることだ。昔とった杵柄もある。たとえば、こんなふうに。

学生時代に楽しんだ書道部。それが復活する。陶芸をやっている友人と二人展をする。小さな個展だったのに、書の作品が話題になり、近所の子どもたち、奥さんが習いたいと

いってくる。

こうして、**リビングルームが寺子屋のような教室に発展**する。

お料理教室を自宅で開くことはわりとよくあるようだ。もてなされた料理があまりにもおいしかった。珍しい各国料理が出てきた。知らない食材を使っていて、興味が湧いた。教室が生まれるきっかけはいろいろのようだ。

持ち寄りで午後のパーティーをしていたのが、いつのまにかお互いに教え合うお料理教室になっていた、とかもあるだろう。お料理教室であれば、キッチン、ダイニングも含めてリビングまでが動員される。

部屋というものは、そこに出入りする人によって、色彩が変わってくる。話の内容によっても、笑い声の高さによっても変わる。

長寿の家は、その変遷の中で、こういう華やかな時代も経験することになるのだ。

やがて、静かな二人だけの語り合いの場所になるのだろうが、そのときの語りのなかで懐かしく思い出されるに違いない。

㊱ 人が集まるリビングキッチンに。囲炉裏ならより楽し

二人の生活の楽しみを、来客との交流に求めるなら、どんな食卓テーブルの構成があるだろう。その場合も、動きをできるだけ楽に、ムダを省く食卓テーブルであることが望ましい。私が提案したいのは、ちょっと大胆（だいたん）だが、リビングキッチンである。食卓テーブルをリビングにつくるのだ。

ダイニングルームはなくして、**キッチンとリビングを一体化させて、そこに据えたテーブルで食事を楽しむ。**友だちや子どもたちが来たときに、威力を発揮するものにしたいから、できれば大きなカウンターの食卓にする。

さらに、小さな流しを前後につける。一つは下ごしらえや、後片づけのための機能的な流し。もう一つはしゃれた小ぶりのパーティーシンクである。パーティーシンクは、箸（はし）を落としたときにちょっと水洗いしたり、水を飲むときに便利だ。

図20　囲炉裏ＬＫ、囲炉裏リビング

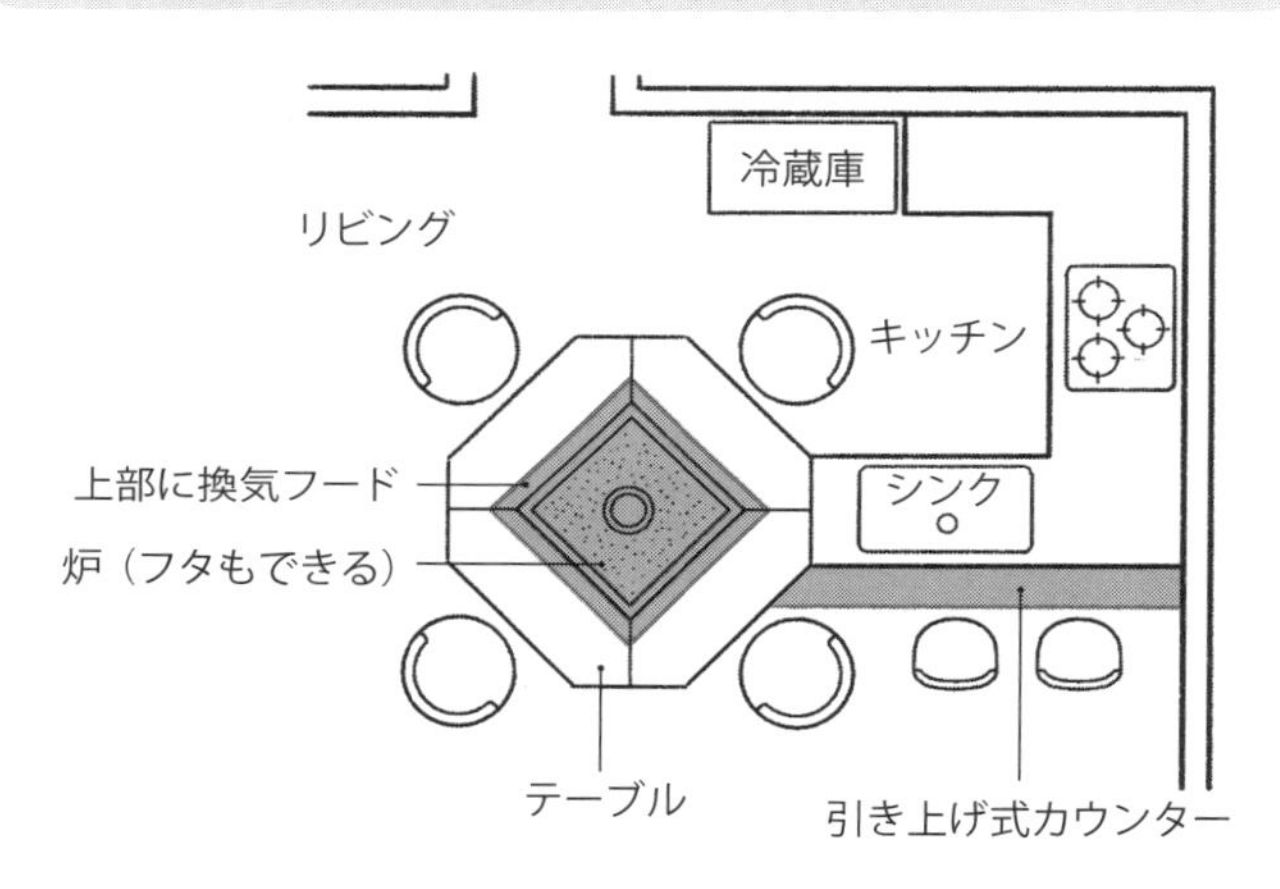

換気フード付きの囲炉裏

来客をもてなす際は、ホストがやたら動き回ると申し訳ない気持ちになる。このリビングキッチンは、どっかり落ち着いて、話に集中できるよさがある。これ、なかなかしゃれたもてなしになるのではないだろうか。

ＬＤＫ全体をリビングキッチンとするプランでは、冷蔵庫やレンジもリビングの中ほどにもってくる。こうすると、集まったみんなが料理に参加できる。

リビングに、本当の薪を燃やせる暖炉を設置したいという建て主がいる。民家の生活の中心であった、あの囲炉裏をつくりたいために、山村に家を建てた人もいる。

囲炉裏は天井から自在鉤が吊るされているものだが、**現代の囲炉裏は換気のためのフード付きのモダンなデザイン**である**（図20）**。システムキッチンも入っている。

団らんの中心に火がほしいのである。囲炉裏の火の周りに串に刺した鮎や五平餅。囲炉裏の縁に置いた酒をちびちびやる。私も招待されたことが何度かあるが、囲炉裏の薪の炎の光で見る表情は、なんとも柔らかく神秘的に感じた。

リビングキッチンも、その心は同じである。注意すべきは、天井の仕上げ材を不燃材にする必要がある点だ。

寝室

37 一つの寝室を引き戸で二つに分け、ストレス解消、リスクにも対応

長寿の家の夫婦の寝室はどんなイメージだろうか。寝室を別室にするというのはよく耳にする妻の考え方だ。いやいや、そんな水臭いことはできない、といい張る夫の考え方もある。設計をする者として、本音を聞きださなければならないのだが、夫婦の寝室というプライバシーの最たるところに、ズカズカ踏み込むのははばかられる。

私もたくさん設計して、いろいろな建て主とおつきあいしたために、寝室の内情にはかなりくわしくなった。

寝室のよくある悩み、一つはいびきだ。片方のいびきがうるさくて眠れない。観察していると、上を向いて眠っているときに、ゴーゴー激しいいびきがはじまる。横向きになると、いびきは消える。だから、いびきがはじまると「横向いて寝て！」といちいち叫ぶのが習慣になる。これでは眠っているのか、監視しているのかわからない。

明かりの問題もある。片方が就寝前にベッドで本を読む。もう片方はスタンドの明かりが気になり、だんだんページをめくる音まで耳障りになり耐えられない。

室内の温度も、二人同じ体感でエアコンを味わっているわけではないのだ。寒すぎる。暑すぎる。音、明かり、温度。こんなに感じ方が違うのはストレスだ、部屋を別々にするしかない、という発想が生まれる。

子どもが巣立って空き室になったところに、妻がさっさと移ってしまった。これがわりとよくある夫婦別室のはじまりだ。

私は、長寿の家での夫婦別室は、おすすめできないのである。気配が伝わらないからだ。夜中にどちらかに異変が起こったら、どうだろう。即座に対応しなければならないのに、気がつかないまま朝を迎えてしまう。最悪のことだって考えられるのだ。

ソフト間仕切り㉞のところでお話ししたことが、ここでも生きてくるのだ。寝室は一つの部屋。けれど間仕切りで二つに分けることができる。これが私の提案する解決策「同室異床プラン」である（図21）。

寝室は少し広くする。10畳くらいあったらいい。2つのベッドを離して置き、真ん中に敷居をもうける。ここに、仕切りの引き戸をたてる。

この同室異床で寝ていれば、間仕切りをトントンすれば、何か異変があったと伝わるはずだ。

引き戸は収納型にしておくと、なおよい。ふだんは開け放っておく。そうすれば、風がよく通り、掃除もしやすい。就寝時には、おやすみなさいといって、静かに閉めるのである。もちろん、そのときの気分で、いくらでも開けたままにできる。

引き戸越しに、多少の音は聞こえるだろう。だが明かりは遮断（しゃだん）されるし、冷暖房はそれぞれが自分の体にあった設定をするから、トラブルはない。各自、好きなだけ夜更かしして読書もできるし、横になったまま、スマホで好きな韓国ドラマを一人で鑑賞することもできる。

二人の好みに、和洋の違いがあったとしたら、こういう寝室も考えられる。夫は和室の

図21　夫婦の寝室「同室異床プラン」

ふだんは中央の引き戸を開けておき１つの部屋に。
寝るときは閉めて２つの部屋にする

小上がり畳に布団。妻は洋室のフローリングにベッド。いわば「和洋室スタイル」だ。和室の戸襖(とぶすま)で区切ってしまえば個室だから、どのようにでも自分の好みを追求できる。

ここでひとつ、アイデアを。**小上がりの高さを、洋室のベッドに合わせて30センチほど上げておく**のだ。戸襖を開けたままにすれば、**夫婦の目線が同じ高さになる**。これがなかなかいいのだ。

㊳ 小上がりの畳や天井走行リフトで将来の介護に備える

平穏な人生だったと思っても、長い家庭生活にはさまざまなことがあり、家はそれを覚えている。そう感じるのは、あのこと、このことを思い出したとき。そのできごとは、きっと家の中のどこかの部屋といっしょに思い出すからだ。

老いの人生では、夫婦のいずれかに何かの障害が起こりうるのだ。もし、寝たきりになったりしたら、とりあえずは一方が介護することになる。こういう事態も、いちおうは考えておいたほうがよい。

浴室とかトイレなどの要所には、手すりはついているはずである。こうして自力で日常生活ができるような工夫があったとしても、夫婦の片方は、リハビリのトレーナーとして励ましつづけなくてはならない。

スウェーデンなどでは、老人をベッドに寝たきりにさせない。朝になれば椅子に座らせ、あるいは歩行器で移動させる。そして、なんでも自分でやらせるから、寝たきり老人はいないのである。自力でものが食べられるということが、生きている証明なのだ。この思想が、確固として、国民に共有されている。

これは大変に長い歴史の経過の中で、体験し、つくりあげられた叡智(えいち)によっているから、別の習慣をもつ日本では、すぐにまねることはできない。いまの日本の住まいでできることは、いかに楽に介護ができるかであろう。

夫婦の寝室を引き戸で仕切る前項のアイデアは、健康なときには、楽しくなつかしい思い出となるはずだ。そして、一方が介護することになったとき、なるべく楽にそれができるようにしたいものだ。

図22　小上がりの畳を利用した介護

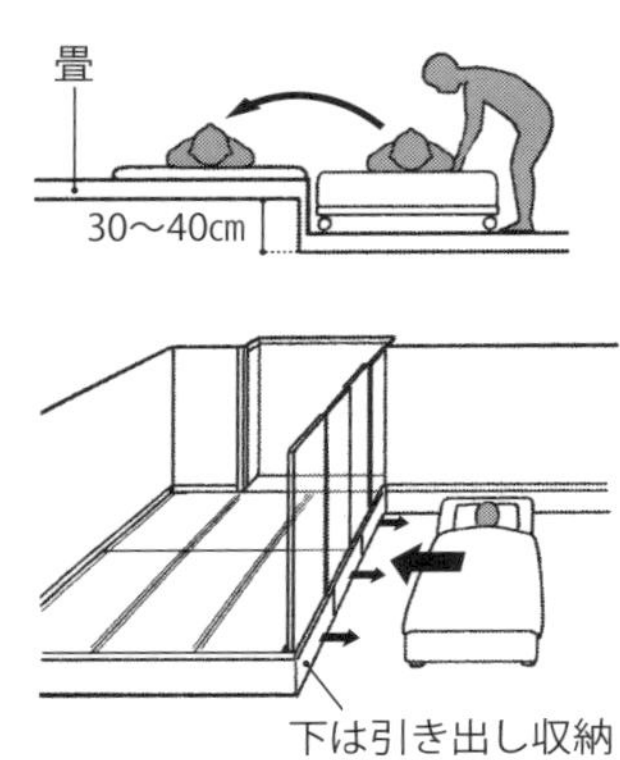

こんな発展形もある。夫婦の寝室である**洋室の中に小上がりの畳の和室コーナーをつくる**（図22）。和室は戸襖で仕切ることができ、**小上がりの高さは、洋室のキャスター付きベッドに合わせた30〜40センチほど**。小上がりの下は引き出し式収納として利用できる。

さて、洋室のベッドと和室は同じ高さだから、同一平面にある。これが、介護に効いてくるのだ。

シーツの交換を考えてみよう。キャスター付きベッドを和室に寄せる。**小上がりの畳に寝ている夫を布団ごと近づければ、夫をスライドさせてベッドに移す**ことができる。その間に布団を干して、少しでも湿気を取る。

シーツを替えて、夫をふたたびスライド移動させて畳の布団に戻す。夫本人に自力でやろうという意志があるかぎり、介護もしやすくなるだろうし、リハビリ、ストレッチにもなる。

トイレ、洗面、浴室のところ（27）で紹介した**天井走行リフトがあれば、ベッドからトイレ、浴室まで移動することができる。**ベッドの真上の天井にレールを埋め込み、モノレールのように移動するものだ。

簡単なリフトは、すでに市販されている。リフトは、上手に配置すれば、文字どおり、家庭内の交通機関となるのだ。夫婦が協力して生きていく姿もまた、その部屋に思い出として刻まれるのである。

㊴ 寝室とリビングも引き戸で仕切り、開放感のある昼寝を

広い寝室は気分がよい。住まいをねぐらというのは、気分のいい寝室の味わいを述べているのだろう。

寝るだけだから、という考えはやめよう。家の中でもっとも長い時間を過ごすのも、そこにいるあいだ無防備になるのも寝室である。

寝室はゆったり広くとる。いい空気の中で眠るのである。

広くとるということは、広く使うという意味である。これ以上、寝室は広くできないと、がっかりすることはない。たとえば、リフォームで**寝室とリビングのあいだを、スライドする引き戸にしてはどうか。**

開け閉めが自在である。夜は開放して寝室と一体にして、ひろびろとした寝室で安眠する。昼間はリビングとのあいだを仕切ればよい。

いや、昼間だって開けておいていいのだ。リビングで何かをする妻の気配を感じながら、開放感のある寝室でちょっと昼寝するのもいい。夫婦二人だけの生活なら、リビング・イコール・ベッドルームでいいのだ。

一体化した広いベッドルームを、楽しいスペースにするには、どうしたらいいか。これを考えるのも楽しみである。リビングルームのあり方を、ベッドルームからの視点で見直すのである。

何を置いたらいいか。どんな照明にしたらいいか。二人で、いろいろアイデアを交換するのも、長寿の家のお楽しみである。

玄関、廊下

㊵ 玄関には「ヌケ感」が必要。小さな坪庭で広がりが生まれる

玄関は誰のためにあるのか。来客のためか。自分たちの外出のためか。もちろん、その両方だろう。この空間を利用するすべての人のためにあるのだ。

玄関は、訪れた人にとって、室内との出会いの場だから、どこかうっとりさせるような素敵な空間であってほしい。同時に、住む人にとっては、こういう使い方もあったのかと感激するような、高い利便性があってほしい。なかなか贅沢な要望だが、そういう玄関はつくれるのだ。

図23　ヌケ感が生まれる坪庭

玄関は、住む人の人柄を感じさせてしまうものである。

いい感じの玄関には、ヌケ感（**視覚の広がり**）**が必要**である。前に対して抜けた感じがある。横に対して抜けた感じがある。上に対しても抜けた感じがある。狭くてもいいけれど、狭っ苦しいのはだめなのだ。

では、ヌケ感はどうすれば生まれるのか。

玄関とリビングは一体として考えたらよい。引き戸で分ければ、進んでいく前に対してのヌケ感が生まれる。

あるいは、**玄関に小さな坪庭をもうけたらどうだろうか**（**図23**）。お客さまを、横からお迎えする。こうすると横に対してのヌケ感が生まれる。

上が吹き抜けになって、自然光が降ってくるような玄関であれば、上に向かって気持ちよいヌケ感が感じられるだろう。

たとえ小さな玄関でも、このヌケの効果があれば、来客がオッと感動する玄関になるだろう。帰宅した自分たちも、ああ、帰ってきた、というほっとした気分を味わえる。

41 玄関クローゼットは内と外の〝関所〟、大型収納もらくらく

玄関には、通常は靴箱がある。それだけだが、もったいない。もっともっと考えを進めることができるのである。私の設計する家では、**玄関に併設して必ず玄関クローゼット（シューズクローク）というものをつくる。**これが、暮らしやすさに効くのである。

玄関クローゼットには、定番の靴棚がある。さらに、濡(ぬ)れた長靴、傘、ゴルフバッグ、スキーの板、スーツケースも収納できる。濡れたコートも掛けられる。

玄関からクローゼットまではフラットな土間のイメージである。床はタイル貼りで仕上げて、床暖房を入れれば寒くない玄関になり、濡れた靴や傘も次の日には乾く。換気扇をつければ、蒸れたにおいも残らない。

私のイメージでは、玄関クローゼットには室内用のガウンがかけられていて、家に帰った瞬間に室内着に着替えてしまう。玄関クローゼットは室内空間と外部空間のあいだの、亜空間と考えている。外出のための心を引き締めるところ、戻ってきて鎧(よろい)を脱いでくつろぐところ。その意識転換の場所だと思う。

玄関クローゼットは、できるだけ広いスペースをとった収納でもある。天井までの靴棚があるが、単なる靴置き場ではない。通常の家では、ゴルフバッグや大きなスーツケースはたぶん物置に押し込まれていると思うが、これらはみんな玄関クローゼットに収納してしまう。自転車だって入れてしまおう。つまりは、ホビークローゼットでもあるのだ。

外出用のコートやジャケットも、玄関クローゼット内の衣料のクローゼットに収める。室内用のガウンもここに入れる。かさばる大きな衣類は、みんなここに移動してくる。そうすると、**家にあるものの半分、あるいは3分の1はここに収まってしまう**のだ。

下着類は浴室の脱衣室にいき、デリケートな衣類は寝室のウォークインクローゼットにいく。あとは食器、本くらいだ。収納が足りない、足りないという、よくある悩みは、こうして解消してしまうのである。

コロナのパンデミックを経験したいま、外の汚れはなるべく内に持ち込みたくない。日本人が玄関で靴を脱ぐのも、玄関から先は土やホコリを入れずに清潔にしておこうということだ。玄関クローゼットはまさに、物と感染症予防の〝関所〟なのである。

42 廊下の幅は壁芯で1メートル以上に。階段幅も同じ

廊下の幅が狭い。お盆にコーヒーを載せて歩くとき、壁芯91センチ（3尺）の廊下では、両肘（ひじ）が当たってしまう。

壁芯とは、壁の真ん中から壁の真ん中までの基準寸法線で、建築はこれにしたがっている。**91センチの壁芯の内法（うちのり）寸法（有効寸法）を調べると、実際はなんと78センチしかない。**

さらに開いたドアが5センチも6センチも出っぱっている。ノブも飛び出している。

結局、六十数センチの廊下で物を運ぶことになるから、両肘が当たってしまうのだ。物を運ぶのにはこれはふさわしい寸法ではない。あわてて歩けば、やはりどこかしらでゴッチンとやるだろう。車いすで通る場合も、90センチ以上が望ましい。

廊下の幅が、最低でも壁芯で1メートルない廊下は、使いにくい家になる。これは階段も同じだ。

しかし、広すぎるとふらついたり転んだりしたとき、つかまるところがなくなり、危険である。

ゆったりしたところはゆったりと、圧縮すべきところは圧縮されている家が、住みやすい家ということになる。

外周り、エクステリア、その他

㊸ 本物志向の屋根、外壁は飽きがこない

人間の魅力の決め手が、一言ではいえない雰囲気であるように、家の外観が全体でかもし出す雰囲気が大事だ。年を重ねるにつれて、家自体のインパクトのある色やデザインより、窓、ベランダ、門、ドアなどに意識がうつってくる。ていねいに彫刻されたもの、細工されたものに愛着を覚える。

本物志向の家づくりには、古くなるにしたがって味が出てくる素材が理想的である。**メッキや塗装がはげたり、ひびが入ったりするのは避けたい。**そうなると、すべて自然素材の日本建築が浮かんでくるが、完成された様式は現代では受け入れにくく、素材も高額で手に入れにくい。

どうしたら、年を重ねても飽きない住まいになるか。長寿の家にふさわしい屋根、壁などの建築素材を紹介していく。

●屋根

屋根瓦（がわら）には、三州瓦（さんしゅう）などの焼き物の瓦や和風の燻（いぶ）し瓦、スペイン風の瓦といろいろある。いずれもよい。窯（かま）で焼く燻し瓦や銀瓦、そして赤い塩焼き瓦は、色の褪色（たいしょく）も少なくて、**耐久性に富んでいる。**

スレートの屋根（セメントが主成分の薄い板状の屋根材）**が、予算的にも手軽ではやっているが**、これにも何種類かある。選ぶコツの第一は厚さ。分厚いものを選ぶ。最小では５～６ミリがあるが、厚いスレート瓦のほうが持ちがよいし、塗装もよい。

通常タイプの**スレート瓦では、10年ほどで色が落ちてくる。**塗装がはげてくるものもある。そうなると大がかりな屋根の塗装のし直しが必要になる。定期的なメンテナンスが必要だ。

緑青（ろくしょう）のわいた銅板を屋根の素材として希望する人がいるが、葺（ふ）いた当初は金ピカでとても気恥ずかしく、家の前に立っていられないはずだ。近くのビルやマンションからも、まぶしいとクレームがつくほどだから。

ステンレスは、持ちがいい。カラーステンレスの場合は、10年ほどで色があせてくる。経済的な素材となると、カラー鉄板の屋根になる。ただ**将来、何度か塗装し直すことを覚悟しなくてはならない。**

金属板の屋根は、雨の音を止めにくい。それを風流と思える人にはよい素材だと思う。

●壁

タイル張りや石張りは値が張るため、豊かさを満喫できる人にはふさわしい。タイルは耐久性もあり色の塗り替えがない。色柄を選ぶ際に、わび、さびを感じさせる渋い色を選べば、汚れにくく、古くならない。

タイルの問題点は、どうしても起こる目地（めじ）のひびである。ひびを一点に誘導するために、伸縮目地という弾力のある防水樹脂でおさえる。

大理石や御影石（みかげいし）といった石張りは、もっとも豪華な壁だ。せいぜい玄関周りにとどめ、玄関の床、外部の壁は外国産の御影石にすると割安になる。大理石は日本の湿気には弱い。

長い間、壁材でいちばんオーソドックスだったのが、防火のためによい、**モルタル仕上げに弾性樹脂塗料を塗る工法**であった。いかに上手に塗られていても、いずれは無数のひびが入る。しかし弾性のある塗料を塗っているので、実際には雨の染み込みは少ない。

現在主流となっているのは、**ドライ工法といわれるスレートや金属板の壁材**である。張りつけていくだけだから、乾かす手間がなく、工期が短い。これらの乾式工法の素材は、**サイディング**と呼ばれている。重厚な住まいを望んでいる人たちには、サイディングは肌が合わないかもしれないが、安価でメンテナンスフリーの保証期間の長いものが多い。


私のおすすめは、目の届く1階部分は、モルタルやタイル張りの重厚な仕上げにして、2階部分をドライ工法のスレートにするというプランだ。

こうした基本素材を使いながら、ベランダ、門扉(もんぴ)、ドア部分のノブに自分の嗜好(しこう)を集中するといいだろう。**小物こそ慎重(しんちょう)に選択する必要があり、それが楽しい。**


自分の外観イメージがまだだな、と思われる方は、お二人で近隣、郊外の住宅地を散歩して、たくさんの家の外観を見ておくことだ。

はじめのうちは、こんな家にはしたくないね、という家ばかりかもしれない。そのうち、あ、これだ、とセンスのピッタリ合うお宅にめぐりあわないともかぎらない。

あまりにも感動的なめぐりあいだったら、ピンポンして事情を話し、いろいろ話を聞かせてもらってもいいと思う。自宅をほめられていやな気持ちのする人はいないのだ。もしかすると、それが縁となり、親しい友人が増えることになるかもしれない。

㊹ 色、つくり。家のよしあしは外観に表れる

一方に気さくないつも笑顔の人がいて、もう一方には、気むずかしそうな、近づくとロクなことがないぞと思わせる人がいる。家も同じである。**人をまねきよせる家があり、逆に人を遠ざける家がある。**いったい、この差は何なのか。

長寿の家がどういう家でありたいかは明らかで、友人、知人が、ニコニコしながら寄っ

てくる家でありたい。

高い塀がめぐらされて、威圧感のある、いかにも豪奢（ごうしゃ）なお屋敷が奥に見える。玄関に行くまでには、長いアプローチをたどらなければいけない。やっと玄関にたどり着いたとしても、恐ろしげな大男の門番みたいな、重くてごてごてした重厚なドアがある――。

まさかこういう家をお求めではないと思うが、誰も訪ねてはこないだろう。

道路から家の全貌（ぜんぼう）が見え、しかも、なんとなく**開放的な感じ**がする。**温かい感じ**がする。訪ねたらきっと楽しいことがありそうな。

庭やテラス周りには、いかにも楽しく住んでいることを感じさせるきれいな花、植栽がある。通りすがりの人々は、こんな家に友人がいたらいいな、と思うだろう。

色も重要だ。人を寄せつけない色があるのだ。人間は土から生まれ、また土にかえっていくという存在だからなのか、**アースカラーは親しみを覚える人が多い。**なんとなく温かい、人を迎え入れる雰囲気があるのだ。

ブラウスやスカートを選ぶように、家に自分の好みの色を求めるとどうなるだろうか。パッションカラーの赤い屋根やら、ショッキングピンクの壁を想像すると、うーんとうなって首を傾げてしまわないだろうか。長寿の家がこうだったら、かなりのものだが、派手なものはいけない。

アースカラーは、いってみれば中庸(ちゅうよう)である。

では、黒はどうか。近年、黒い家が増えている。真っ黒に塗ったモルタル。小さなマンションでも、黒に近いグレーのサイディングを外観に張ったものが増えているように感じる。いかにも暗いのだが、どういう流れからこんな傾向が生まれたのであろうか。

真っ黒や、黒にかぎりなく近い暗いグレーは、人が避ける。暗いエリアの中に入りたいと思わないのである。私は、黒い家はおすすめしない。

ファッションでいうと、黒はくり返し流行し、流行中は、黒を着ている人は素敵に、おしゃれに見える。

だが、家は、ワンピースやブラウスとははるかにお値段がちがっている。おしゃれなつもりでそうしたのに、思惑と違っていると気がついたとしても、シャツのように簡単に着替えることはできないのだ。

人を寄せつけない要素として、家の中に入らないと、よくわからないものもある。入らないとわからないのに、一見して、ああ、いやな家だなあと感じるのだ。多くの建て主を相手にして、家の設計、建築の仕事をしてきたが、どういうわけか好きになれない家というものがあるのだ。

リフォームを依頼されて、家の中に入ると、そのわけが理解できる。**開口部が少なく、家の内部がどこも暗かったり、風通しが悪かったりする**のだ。残念なことに、住んでいる人の顔色も青白くなっていて、どことなく暗かったりする。

そういう家のリフォームは、宿痾（しゅくあ）のように抱えている問題、風通しの悪さ、明るさの不足、活力を生まない部屋と部屋の関係を検討することからはじまる。

それらは、やはり外観に表れていたのである。**人のよそ目の印象が大事なように、家も外観の印象にすべてが表現されている**のだ。

㊺ 配管や配線は簡単に取り換えができる露出型にする

木造の住まいは、手入れさえちゃんとしていれば、１００年持つ。鉄筋コンクリートの構造体はさらに長く持つ。これは人体でいえば骨格の話で、血管はまた別だ。

住まいの血管は、天井や壁に埋め込まれた配線だ。**配線や配管、機器類の耐久性は10年か15年。**つまり人間でいえば、血管や臓器が先に疲労するのである。

家は40年、50年持っても、設備が使えなくなる。これでは長寿の家も、住まいの機能が果たせない。**配線、配管、機器類の修理は、できるだけ簡単におこなえるようにしておく**ことが望ましい。

原則として、**配線や配管は露出しておく**ことがよい。埋め込むところは、一部を覆い隠すにとどめる。覆いをビスで留めておけば、それを外せばよいだけだから、取り換えやすい。

点検口は、通常30センチ角、45センチ角、60センチ角といろいろだが、天井と同じ仕上げのふたをつける。**45センチ角以上の大きさにしておくと、トラブルが起きたとき、潜り込んでの作業がしやすい。**

配管は、バルブの操作部位、配管が曲がったエルボー部位の故障が多い。**配管の詰まりそうなところに点検口を設けておく。**そうすれば配管内の掃除もしやすいし、エルボーの交換もしやすい。

エアコンを天井内に埋め込むと、室内のすっきり感が保たれていいのだが、エアコンの耐用年数は構造に比べると、とても短い。10年か15年で機能は低下し、故障も起きる。機器自体も陳腐化して、性能で新製品に見劣りするようになる。

そこで交換となると、内部に収納した機器の交換は大仕事になる。床上、壁かけのエアコンであれば簡単に交換できる。

どうしてもエアコンを隠したいという場合は、埋め込むのではなくて、壁や天井を掘り込み、そこに機器をおさめてガラリなどで目隠しをする。目隠しを外せば、外付けと同じなのである。

基本は、すべて露出させておくこと。

給排水設備はどうだろうか。故障しやすい部分、汚れやすい部分をあらかじめ知っておくとよいだろう。**流しなどの水回りでは、排水部分、金具のジョイント部分が、最初に傷みはじめる**だろう。汚れが取れなくなるのもここである。

簡単に取り替えられるためには、埋め込みにしないことだ。鉄筋コンクリートの家では、二重床にして、そこに設置する。

便器そのものは、清掃をこまめにしていれば、20年、30年は持つ。ただし、自動洗浄器や金具部分は故障したり錆(さ)びたりするのは避けられない。この交換は簡単にできる。

電気配線は、かつての住まいにくらべると、シンプルになり、故障も少なく、耐久性もある。ブレーカー（自動遮断器）も分電されて、各回路別に細かくついているから、漏電が起こったときでも、その回路だけが遮断され、全室の明かりが消えたり、電気機器が使えなくなったりはしない。これは、安心材料だ。

46 玄関に自動灯、ドアは2ロック、「泥棒が入りにくい家」にする

ホームセキュリティサービスを頼むだけでなく、自分でできることはいろいろある。

明かりの利用で、防犯する工夫がある。**明るさセンサーによって、夜、暗くなるとつき、朝になって明るくなると消える自動ライト**が増えている。それを玄関ポーチ（玄関先の庇(ひさし)の下の部分）につけておく。タイマーを利用して、窓辺のスタンドや、リビングの明かりをつける方法もある。室内に明かりがあるということは、まだ起きている人がいるということだ。

人感センサーのライトもある。人が近づくのを感知してスイッチが入り、パッと明かりがつく。これを玄関アプローチ（道から玄関ポーチまでの通路）に向けておく。

庭や玄関アプローチに玉砂利や砕石(さいせき)を敷き、歩くとガチャガチャと音がするなどの伝統的な防犯対策も意外に有効である。

これらはソフトな防犯の知恵で、長寿の家をつくる際には、ぜひ検討していただきたい。すぐにできる防犯の対処としては、何があるだろうか。

いまは、**玄関などの鍵は「1ドア2ロック」が基本**である。鍵を2個にして、空き巣の侵入に時間がかかる、つまり「入りにくい」ようにする防犯だ。鍵はディンプルキーなど防犯性の高いものを選ぶ。

掃き出し窓など大きな窓も「1ウインドー2ロック」にしたい。窓ガラスを割って鍵を開ける泥棒対策には、**二重窓にしたり、「防犯フィルム」を貼ったりすることも有効**だ。防犯フィルムは、ガラスを叩き割ろうとしてもひび割れるだけにしてくれる。

防犯シャッターを設置する。防犯カメラをつけ、それを知らせるステッカーを貼る。これらは「泥棒が入りにくい家」と視覚的に伝える効果もある。

まずは、このへんから対策していきたい。

47 電動窓シャッター、ホームセキュリティ、緊急ボタンで安全・安心

許しがたい卑劣（ひれつ）なふるまいだが、シニア世帯を狙った犯罪がしばしば報道される世の中になってしまった。さまざまな経験をもつ人生の大先輩であり、苦労していまの社会の基礎を築きあげた功労者なのだから、お疲れさんでしたねと、みんなが見守る社会であってほしい。しかし、残念ながら、この声がとどかない人がいる以上、自衛するしかないのである。

さいわい、セキュリティ会社のサービスが普及した。そこと**ホームセキュリティ契約をする。**留守中や夜間に侵入者があれば、ただちにオフィスに発報が届き、防弾チョッキを着て、武器をたずさえたガードマンが、15分以内には出動してくる。

誤作動が起こることがあり、警報がけたたましく鳴り響くのに閉口（へいこう）して、機器のスイッチを切ってしまう家庭もあるが、いざというときに大変な目に遭う。契約したなら、機器

はセットしたままにしなければ意味がない。

昔の住まいには雨戸という板戸があり、巧妙な仕掛けで、戸を動かせなくする落としがついていた。いまは、**雨戸の代わりに窓シャッター**がある。手動と電動があり、電動はボタンを操作するだけで上げ下げでき、日よけと防犯対策に兼用できる。

防火シャッターではないから、大きな火災には対処できないが、火の粉や８００度くらいの熱風には威力を発揮する。

窓シャッターがいいのは、室内から簡単にコントロールできることだ。つまり、らくちんである。長寿の家向きである。**シャッターのスラット（板）が開くタイプなら、シャッターを閉めたままで風が入る。**

蒸し暑い夏には、この状態にしてアルミサッシの窓を開け、防虫網をほどこしておけば、安心して眠れる。エアコンが冷えすぎて苦手な人には朗報だ。自然の風が入ってくるのは、とても快適である。

長寿の家では、**防犯や防災に対処するだけでなく、不安にもきちんと対処できるかが問**

題となる。高齢になると、生理と神経、心理からくる過剰な不安を抱えるシニアが多くなる。これにどう対処するか。これが住まいの設計で、考えておかなければならない要素になるのだ。

老いることによって、戸締まりなどの安全管理にずぼらになる人と、過度に神経質になる人があり、それぞれへの対処をふくめて、安全対策といえるからである。

防火防犯のセキュリティだけではない。**シニアの見守りサービス**はいろいろできている。遠隔操作できるカメラや、人の動きが一定時間ないと感知して通報するセンサーがある。ペンダント型の通報機器を首にかけておき、緊急時にはそれを握ることで救急通報できるサービスもある。

家族や近くにいる人に知らせる緊急ボタンには、介護用の呼び出しベルを兼ねたものもある。これを、どこに設置するか。夫婦二人の長寿の家なら、リビングや玄関に。二世帯同居であれば、子どもたちの部屋に伝わる場所。一人暮らしなら玄関のドア近くにつけ、外を通る人に聞こえるようにする。

ここまでやって、やっと長寿の家の安全・安心は完成するのだ。

48 ペットと幸せに暮らすための家のコツ

長寿の家を建てて、新たにペットを飼うとなると、第一に寿命の問題がでてくる。これはなによりも当事者が気にして考えることだから、これ以上は触れない。

自分の縄張りをもち、そこを定期的に点検する習性のある犬は、散歩が必要で、その際に大小便をすますのがふつうだろう。この散歩は、長寿の家の住人の足腰のためのトレーニングとなる。愛犬とともに老いて、いたわりながら、ゆっくりと散歩している姿は、なかなか味わい深く、よい人生を感じさせる。

外にはいっさい出さない部屋飼いの犬もいるのかもしれない。**トイレを置くとするなら、水回り**となる。トイレを広めにつくってあれば、便器の横にペットシーツを置くことができるだろう。利点は、フンがそのまま流せることだ。換気扇があることも助かる。

トイレがその1ヵ所しかなく、お客さんも利用するトイレだとすると、じゃっかん問題がなくもない。気にする人もいるかもしれないのだ。

洗面脱衣室も候補となる。新たに建てる家では、外までダクトで誘導した換気口を、トイレの上に設置することもいいと思う。その際は、ダクトの換気扇は回しっぱなしとなる。

猫のトイレも設置場所は同じである。


犬猫を部屋飼いする場合、抜け毛の問題がある。季節の変わり目にはコロコロと玉になって、まるで西部劇のグランドキャニオンの枯れ草の玉のように部屋の中をあっちにいったり、こっちにいったりする。

アレルギーがあればもちろん、なくてもこの抜け毛はやっかいである。最悪の場合、目の粘膜（ねんまく）や呼吸器に悪い影響をあたえる。

抜け毛の季節には、よくブラッシングをして、そこで抜けた毛玉を処理する。それを頻繁（ひんぱん）にする。こういうこまめな手入れが必要だろう。

私の設計したあるお宅では、**玄関クローゼットの中にケージを置いて、そこで寝かせていた**。換気扇も床暖房もついているから、防臭になるし心地よい。愛犬が落ち着けるお気に入りの場所のようであった。

ペットとして変わっているなと思ったのは、大型のインコである。言葉を覚えてしゃべるのが、犬猫と異なるところだ。そのご家庭は以前シェルティ（シェットランド・シープドッグ）を溺愛していた。亡くなってからしばらくロスに悩んだようだったが、もう犬は飼えないと、鳥にしたそうだ。

インコは部屋の中を自由に飛び回って、夫妻とおしゃべりなどしているが、夫妻はインコが自由に落としたフンに「あらあら」とかいいながらも、嬉しそうな、忙しそうな様子で、拭き取って歩いていた。

いずれの場合も、床の仕上げが重要で、拭き取りやすく、多少の弾力性もある素材がいい。**ひっかきや衝撃に強く、抗菌仕様の汚れにくいペット用クロス**がある。**ペット用の滑りにくいフローリング**のなかには、本物の木材かと思えるものもある。

壁はクロスの代わりに、**犬猫が届く高さに合わせて、床から腰の高さまでを板張りにしてもいい。**おしっこをかけられて感電や漏電が起きないよう、**コンセントは高めに設置**しよう。

第3章

プラスを増やす建築マジック

狭さを広さに

㊾ 狭い空間を広く、新鮮に見せるダイアゴナル効果

ダイアゴナル（diagonal）とは、対角線のことだ。四角形の2つの頂点を×印で結ぶ線。どの辺よりもいちばんこのラインが長い。四角い部屋を、どうすれば狭っ苦しいと感じずに、逆に、おや意外と広いね、と思わせることができるか。私が、家の設計によく使うアイデアである。**入ってくる人の視線を、ダイアゴナルに誘導する**のだ（図24）。

広さが生きていないときは、だだっぴろいと表現する。狭さが息苦しく感じないときは、小ぶりというかわいい表現がでてくる。同じ面積でも、部屋というものは、使い方で印象

図24　空間が広く見えるダイアゴナル効果

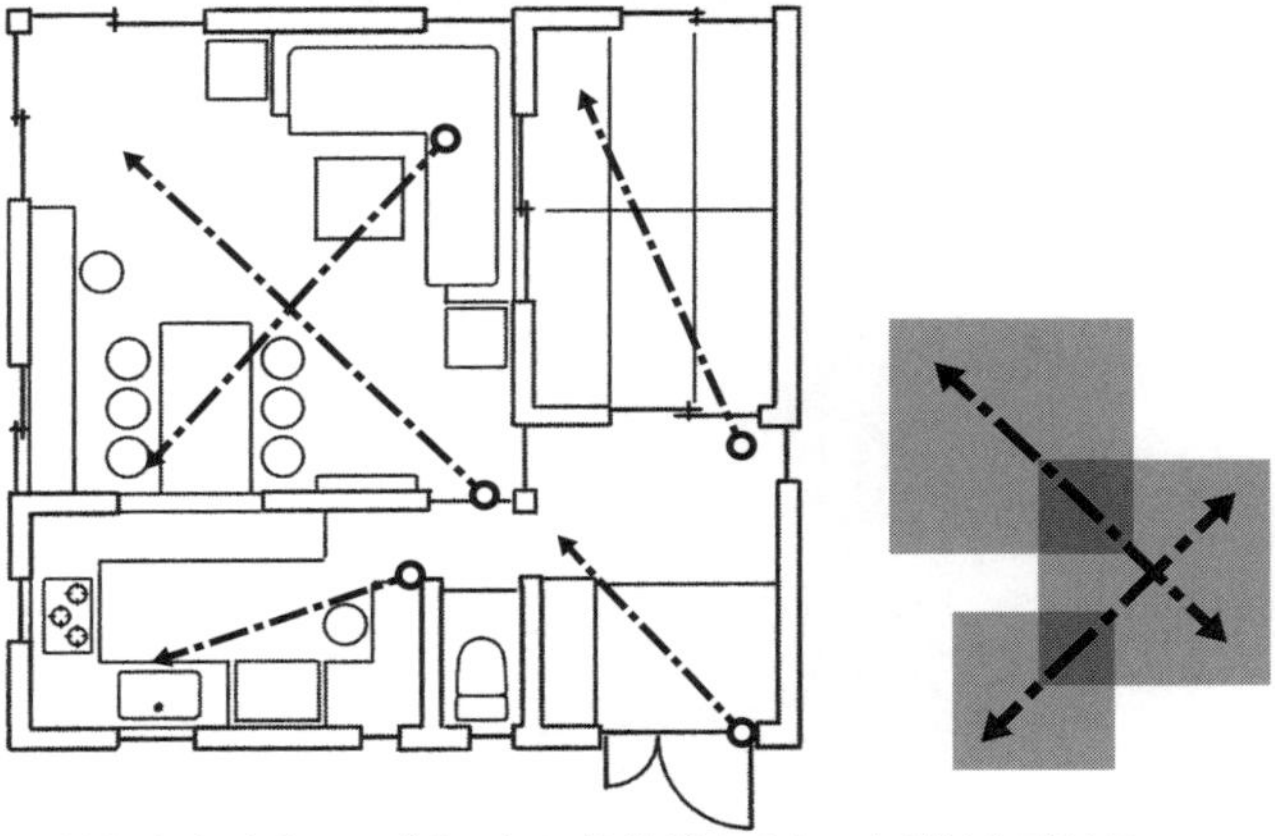

対角方向（ダイアゴナル）に視線が向くと、広がりを感じる

は変わるのだ。

　狭い空間のダイアゴナル効果といえば、真っ先に思い浮かぶのが茶室である。茶室には、腰をかがめてやっとくぐり込めるような小さな躙(にじ)り口を通らないと入れない。その躙り口は、必ずコーナーにつくられている。

　四畳半ほどの空間。下げていた頭を上げると、清浄な茶室の空間が目に入る。視線はダイアゴナルを走る。ちっとも息苦しくないのである。経験したことのない親密感を覚える。

　これを最初に設計したのが、千利休(せんのりきゅう)。私は、利休は設計の天才だと思っている。茶室には、ドアも引き戸もない。縦横わずか60センチほどの四角い穴からしか入れない。帯刀して立ったまま胸をはって入りたくても、それは不可能。刀を外し、身をかがめ、首を見知らぬ空間にさしのべるようにしてくぐる。こんな無防備な姿勢はない。そういう謙虚な心のあり方を、茶室は最初に求めている。

利休の生きた時代は、下剋上が当たり前の戦国の世であった。大名が躙り口を抜けると、秀吉が茶を点てんとして座っている。利休が秀吉の命を受けてつくった「待庵」はわずか2畳、高さ5・3尺（約1・6メートル）。**天井まで2メートルないのだが、ダイアゴナル効果が発揮された茶室は、苦しさはなく、人と人の関係をしっくりさせる。**

人生にはいろいろな感動があるが、初めての空間経験は忘れられないものとなる。さまざまな人のお宅にうかがってくると、入った瞬間、あっ！　という言葉が発せられる空間がある。長寿の家も、どこかにそんな仕掛けをつくっておきたい。

50 コーナー入り口、ローソファで部屋を「広げる」

５メートル四方の正方形の部屋を想定する。中央につけたドアから入ると、対面する壁は５メートル先にある。入り口のドアをコーナーに置くと、さっそく茶室の躙り口の効果が表れる。

コーナーのドアから、部屋の中央を眺めれば、視線の届く対角の壁までの距離は約7メートル。なんと2メートルの奥行き感が新たに生まれるのである。

長寿の家の部屋の入り口は、コーナーにつけたい。錯覚によってお客さんの気持ちが開放されたら、和やかにお茶の時間を楽しむ。毎日をここで過ごす二人にとっても、この錯覚は快適である。

長寿の家をリフォームでつくるなら、ドアをコーナーに移動したい。木造なら費用も１カ所10〜20万円ほどですむだろう。

フロアソファやローソファなどで座面を低くして、高さにダイアゴナルを効かせることもできる。その場合はテーブルや生活スタイルも、それに合わせた低めのものとなる。洋間の椅子やソファに慣れていると、**畳に座ったとき、なにか新鮮な感じがするのも、ダイアゴナルが効いているのだろう。**

吹き抜けにも、この効果が生きている。階段を上がると、それにしたがって風景が変わっていく。そして、たどり着いた吹き抜けの上から下を見下ろす。上下の対角線で見る階下の様子は、そこの平面にいたときとはまったく違った、新鮮な表情を見せているだろう。立体化したダイアゴナル効果である。

まさしく、小さくつくり、掃除する面積を減らし、客ばかりでなく自身をも騙す技でもある。

⑤① 部屋や天井が広がっていくミラー効果

鏡がみなさんお好きなのは、そこに自分の姿が映るからだ。鏡でもないショーウインドーの脇を通りすぎるとき、つい自分の姿を見てしまう人もいるだろう。

逆に、そこに映っているはずの自分を見ないためには、かなりの努力がいる。長寿の家で提案したい鏡の利用は、**ぜったいに自分の姿が映らない鏡**だ。

この鏡の利用は、**広さを生み出すため**。視覚のマジックだが、私は「ミラー効果」と呼んでいる。では、鏡をどこに張るのか。自分が映りこまない場所とはどこか。

リビングのコーナーに、縦に上から下まで、20センチ幅のミラーを細長く張る。すると、なんとおもしろいこと！　サイドの壁が映りこんで、**ずっと先まで壁がつづいていく**のである。

観葉植物の鉢を用意して、ミラーに映りこむ位置を探す。すると、隣にもう一部屋あるような錯覚が生まれるのだ。

気に入ったら、いろいろな場所のコーナーに試す。これはおもしろい。家全体が変わってしまうのだ。

壁の連続の錯覚があるとしたら、天井が連続する錯覚もつくりだせるはずだ。たとえば、

図25　空間に広がりが出るミラー効果

天井の吹き抜け部分の両壁に張ったミラーで、不思議な広がりが出る

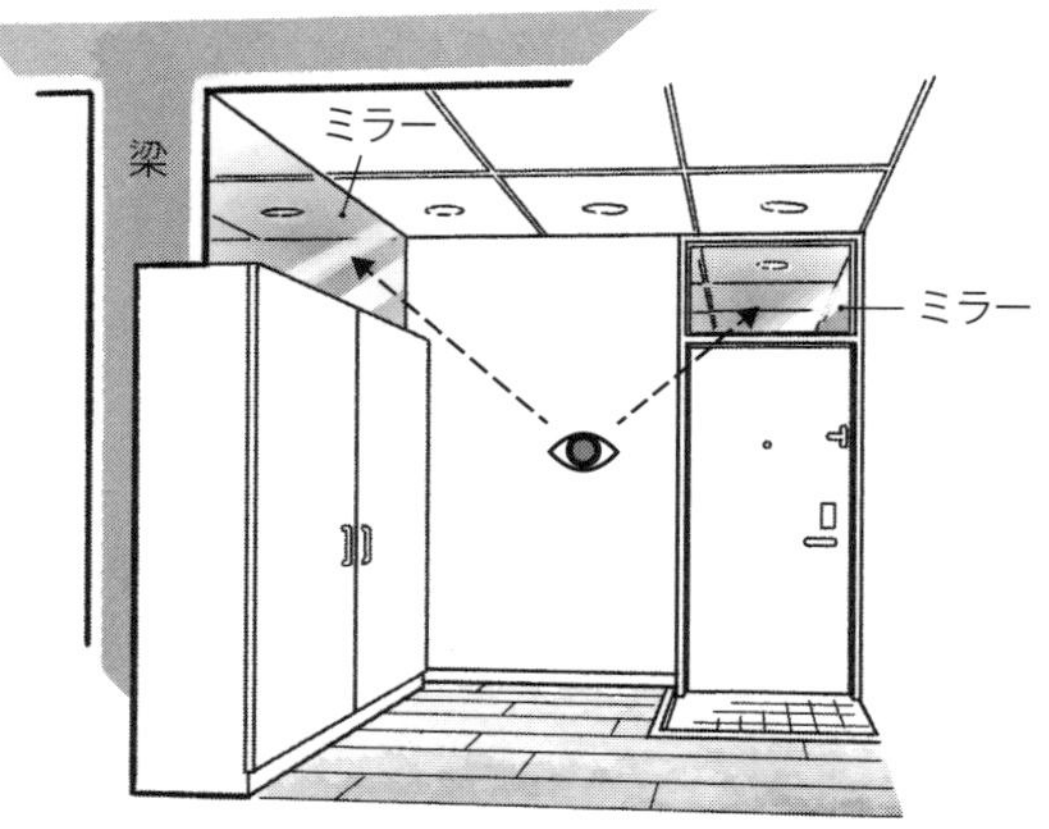

出っ張った梁や余ったスペースをミラー張りで広さに変える

マンションの構造上やむをえない欠陥として、低い梁がじゃまくさく出っ張っていることがある。この**出っ張った梁にミラーを張る**とどうなるか（図25）。

天井が永遠につづいているように見えて、目障りな梁がどこかに消えてしまうのだ。


これらの広さを生むミラーには、ぜったいに自分の姿は映らないことがポイントだ。ただひたすら、部屋を広く見せているだけなのである。

図25の上の写真は、天井の一部を吹き抜けにして、２階の両壁をプラスチック・ミラー張りしたものだ。天井の存在を感じさせない、不思議な空間が生まれている。

なお、**プラスチック・ミラーは**通常のガラスに加工した鏡と違い、樹脂などでできたフィルム状のもの。**薄くて軽くて、割れない鏡**だ。天井や上部に使っても安全なので、長寿の家向きである。

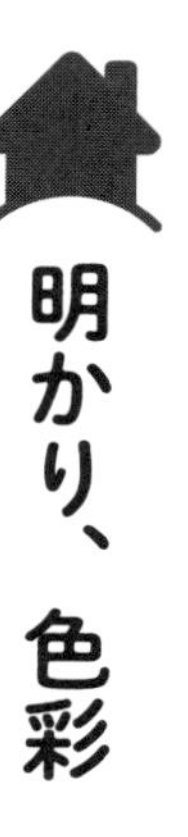

52 間接照明を多用して、目の安らぎと手元の明るさを両立

年をとると、目にいろいろな不都合が起こってくる。老眼で手元が見えにくくなる。白内障になって視界がぼやける。網膜の真ん中に障害が起こって、視界の真ん中に穴が空くという老化による病もあるそうだ。**長寿の家では、照明が大切**になる。

天井灯をつけると、妻は、ギラギラしてまぶしいといって、照度を下げる。夫は、それでは新聞が読めないといって不平を漏らす。肉体的条件が異なるから、同じ部屋でどちらもが満足できる明るさは、けっこう微妙なものがあるのだ。

図26　さまざまなタイプの照明、間接照明

天井のダウンライトのほかに、キッチンの上のペンダントライト、スポットライト、梁に埋め込んだタイプもある

部屋全体が明るいことを望む人は、天井照明を多用したがる。たしかに明るいことに間違いないが、かといって、**部屋全体を500ルクス以上にすると目が疲れる。明るすぎる**のである。

一般に、**静かにゆっくりと読書を楽しむには、300〜500ルクスがよい**とされる。年をとるごとに必要な照度は上がっていくため、**スポット照明で補助的に手元を照らす。**キッチンで料理する妻が、まぶしがり屋で強い明かりを好まなくとも、手元が暗いと危険である。ならば上から手元を照らすスポットをつける。ペンダントライトを複数つけるのもおしゃれだ。

天井照明は6割、残りの4割は間接照明にすると、照度を保ちながらまぶしくない照明になる（図26）。

間接照明とは壁や天井などに一度バウンドさせた光のことだ。ぼんやりとした柔らかい光となり、目に優しく、肌や天井もきれいに見える効果もある。天井付けのスポットライトや壁付けのブラケットライト、フロアスタンドなども間接照明である。

欧米に旅行してホテル生活をすると、室内が暗いことに一種のカルチャーショックを受ける。蛍光灯のパーンとした明かりと違うからだ。

帰国して、書斎の天井の明かりをつけず、テーブルランプだけにしてみると、空間に陰影が生まれて、部屋全体にあたたかみが生まれることに気がつく。なんだ、これでいいんだ。

安らぎを感じるには、陰影のバランスが必要なのだ。手元照明の中で本を読みながら、ときどき薄暗い室内に目をやる。目も頭も心も休まるのである。

長寿の家では、天井にくぼみをつくり、光源を隠した間接照明もいい。部屋をやさしく、安らぎのあるものにする。

蛍光灯は2027年には製造と輸出入が終了するという。LED照明で、いろいろな色調のものを使い分けるのも楽しいだろう。

53 部屋の壁、カーテンのあざやかな色で若さを保つ

クリスマスが近づくと、商業施設はいっせいにツリーの飾りつけをはじめる。なぜだかよくわからないが、あれを見て心がはずまない人はいないのではないだろうか。

あのツリーの電飾にも流行があって、青色発光ダイオード（青色ＬＥＤ）が開発されると、それまでの黄色や赤の光から一気に青が主流になった。意外性にあっと驚いて、とても新鮮に受け入れられていたが、やはり、青は暗い。冷たい光なのである。流行のサイクルのおもしろさである。

ホテルを訪れて、ホールのまばゆいシャンデリアに目を奪われた経験もあるだろう。はじめてミラーボールの幻惑するような光の回転に触れて、感動したこともあるだろう。プラネタリウムの銀河の輝きに、おーっと歓声を上げたこともあるだろう。

こういった光、明かりの経験は、みんな長寿の家に生かすことができる。

色彩も同じである。マチスの赤い室内の美しさ。さまざまな絨毯、敷物の色が生み出す魔術。室内の壁が大胆に区切られて、コントラストの強い色が塗り込められている驚き。青ざめた室内に置かれた赤い金魚のガラス鉢。

色を楽しむ習慣は、日本にはなかったのだろうか。屏風絵とか、色や絵柄あざやかな着物を衣桁に掛ければ、室内は妖艶にも渋くもなっただろう。だが、いまの生活には、屏風も着物の柄模様も衣桁もない。

その代わり、カーテンがある。壁紙がある。

夏にはトロピカルな派手な色柄のカーテンを掛ける。冬には思いきって真っ赤なカーテンを掛けてもいい。壁の一面にあざやかな色を選び、四季折々の室内アクセントにしてみる。美しい素材と商品は探せばいくらでもあるのだ。

同様に、**ベッドカバーや夜着を、思いきりあざやかな若やいだ色にしてみる。それを二人だけで楽しむ。**

誰に遠慮することもない。もっともっとわが家を遊ぶのだ。

54

浴室タイル、キッチンパネルは肌が映える色を選ぶ

新緑の季節の美しさ。みんながそれを謳歌(おうか)している。私はさらにすすめて、もう一歩先の美しさについて尋ねてみたい。緑色ってきれいだけれど、日本の樹木の緑と外国から入ってきた樹木の緑ってちょっとちがっていませんか?

日本の落葉広葉樹は、ケヤキ、サクラ、モミジ、みんな黄みがかった緑なのである。10代の女の子のような明るく軽快なグリーン。暖色系の緑である。4色のカラー印刷でいうとイエローが強い。その中に混じって、常緑広葉樹のユーカリやオリーブがある。これは青みがかった緑だ。印刷でいうとシアンが強い。寒色系の緑で、ちょっと陰鬱(いんうつ)な、しかしなんともいいがたいおしゃれな魅力がある。

これが、新緑の群生の中でも見分けてほしい違いである。

同様に、**自分の肌の色合いも見分けてほしい。**日本人の肌は黄色系だが、色白の人もいる。茶色が強い人もいる。おしゃれに長けた人は、それぞれ、自分の肌に合ったブラウスの色を選ぶ。たとえば寒色系のピンクは、黄色みが強い肌の人が着ると、残念ながら肌が浅黒く見えてしまう。

黄色みの系統の肌に合うのは、茶色系、オークル系、いわゆるアースカラーだ。しっくりくる。木の家がなぜ日本人に似合うのかといえば、そんな理由もあるかもしれない。

もちろん色白肌で、クールな寒色系が似合う人だっている。そういう人なら、真っ赤やブルー、あるいは無彩の黒系などはっきりした色にしてもいい。

同じことが家にもいえる。**長寿の家に住む人のシャツに相当するものが、浴室のタイルやキッチンパネル**なのだ。室内の色を決めるときは、自分が好きな色ではなく、**自分の肌を引き立てる色を選びたい。**

決めるときには、カラーサンプルに手の甲をのせて、映りをチェックする。女性がファンデーションの色を選ぶのと同じ要領だ。これはなかなか楽しい時間だし、思わぬ考え違いを修正するチャンスともなる。

二世帯住宅

⑤⑤ 二世帯同居がうまくいくマジックドア

アパート併用住宅をつくって、その家賃で先行きの生活をまかなっていこうという人たちが増えている。子どもに頼らず、悠々自適の人生を送っている自立の人たちだ。家の一等席である日当たりのいい2階を自分たちの居住空間とし、1階部分を人に貸すという方法である。

いよいよ自分たちも高齢化し、別居していた子ども夫婦も中年となる。彼らの子育てにもう口を出すこともなく、体調を崩したりすると、同居がふと脳裏（のうり）をよぎることが起きる。

なにかと不穏な時代、二世帯同居はお互いに安心なことかもしれない、と考える。

しかし、いままで勝手気ままにやってきた夫婦同士、やはり不安も残る。身内だけに甘えや、逆に遠慮もあるだろう。

同居をめぐるこの微妙な心理は、私が提案する「たった一枚のドア」で解決する。二世帯同居へのスムーズな誘導を可能にする秘策である。

このドア、「二世帯〝含み〟住宅用マジックドア」という。仕掛けは簡単。**アパート併用住宅に壁に囲まれた階段室をもうけ、そこにドアをつける**のだ。階段室のこのドアを「マジックドア」と称している（図27）。

家の玄関はこの階段室に沿って1階用と2階用、別々にもうける。2階の自分たちはサブ玄関からこの階段を使って上がる。1階には別の主玄関から出入りするので、いっしょになることはない。

1階を他人に貸しているときは、このドアをきっちり閉ざして鍵をかける。2階と1階は遮断(しゃだん)され、まったく別の家となっている。

そして、なぜマジックドアなのかというと、**このドアが開いた瞬間、まったく別の家**

図27　二世帯住宅用のマジックドア

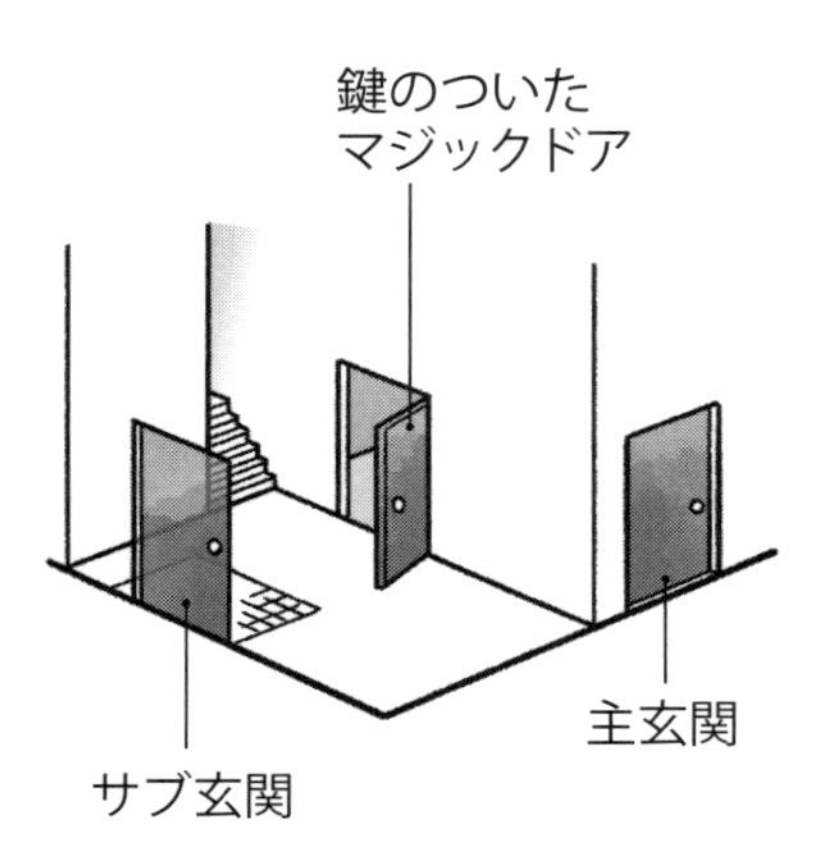

だった1階と2階が、完全に一つの家になるのだ。

1階の玄関から入って、このドアを通って2階へ上がれる。要するに、ふつうの2階建ての住まいなのである。このドアを開けて、いままで他の家族に貸していた1階部分に子ども夫婦を住まわせれば同居もできるというものだ。

じつはこの家、当初から二世帯同居住宅を想定してプランニングされていたのだ。「二世帯〝含み〟住宅」というのは、**はじめて子ども夫婦と同居する際には、お互いに「逃げ場（緩衝地帯）」が必要**だからだ。

お互いに不安があるうちは、このドアを閉ざしておく。2組の夫婦がドアで仕切られた、上下二つの「二世帯住宅」で生活をする。これは「同居住宅」ではない。ここが重要なのだ。身内でありながら床を挟んで別々に暮らす生活には距離感があり、お互いのテリトリーが保たれる。

しかし、いつかこのドアが開かれる日がくる。２階の親夫婦が横になりがちになり、心弱く、不安になっているかもしれない。１階の子夫婦は、そういう親が心配になってのことかもしれない。孫がせがむからかもしれない。欲が絡んで、ここで恩を売っておこう、ということかもしれない。腹が黒かろうと白かろうと、まあ、人生の数ほどのバラエティに富んだケースがあるだろう。

いずれにしろ、**このドアが開かれる日、それまで別々だった二つの家は一つの家となって、交流がはじまる。**

春の穏やかな午後かもしれないし、初夏のさわやかな朝かもしれない。秋のさびしい夕暮れどきかもしれない。

私の経験では、きっかけは子どもの仕事で孫を預けられたり、自身の急な病など、ふっと頼りたくなるとか、そろそろうまくやれそうな気がするといったことだ。そういう**心のドアがひらく瞬間が、人生にはある**らしい。

56 両側手すり、勾配ゆるやか、踊り場のUターン階段で安全に

長寿の家を二世帯同居でスタート。ある日、マジックドアが開いて、交流がはじまる。最初にドアをくぐり抜けるのが孫の可能性は高い。孫は階段を大喜びでのぼるだろう。その階段がとてもやさしい造りになっているのだ（図28）。

シニアにやさしいということは、幼子にもやさしい。**両側に手すり**がついている。先にも述べたように、**蹴上げ（高さ）は18センチ、踏み板の踏み面（奥行き）は25センチ**。勾配がゆるやかで、一段一段が幅ひろで足を踏みはずす危険もない。**踏み板にはすべり止めの溝が掘ってある。**

しかも、**すぐに踊り場についてひと休みできるUターン階段**なのだ。Uターン階段というのは、学校の階段によくある折り返す階段だ。

ばあばが、ニコニコして踊り場の腰かけで待っている。踊り場はゆとりをもって広めに

図28　安全・安心のUターン階段

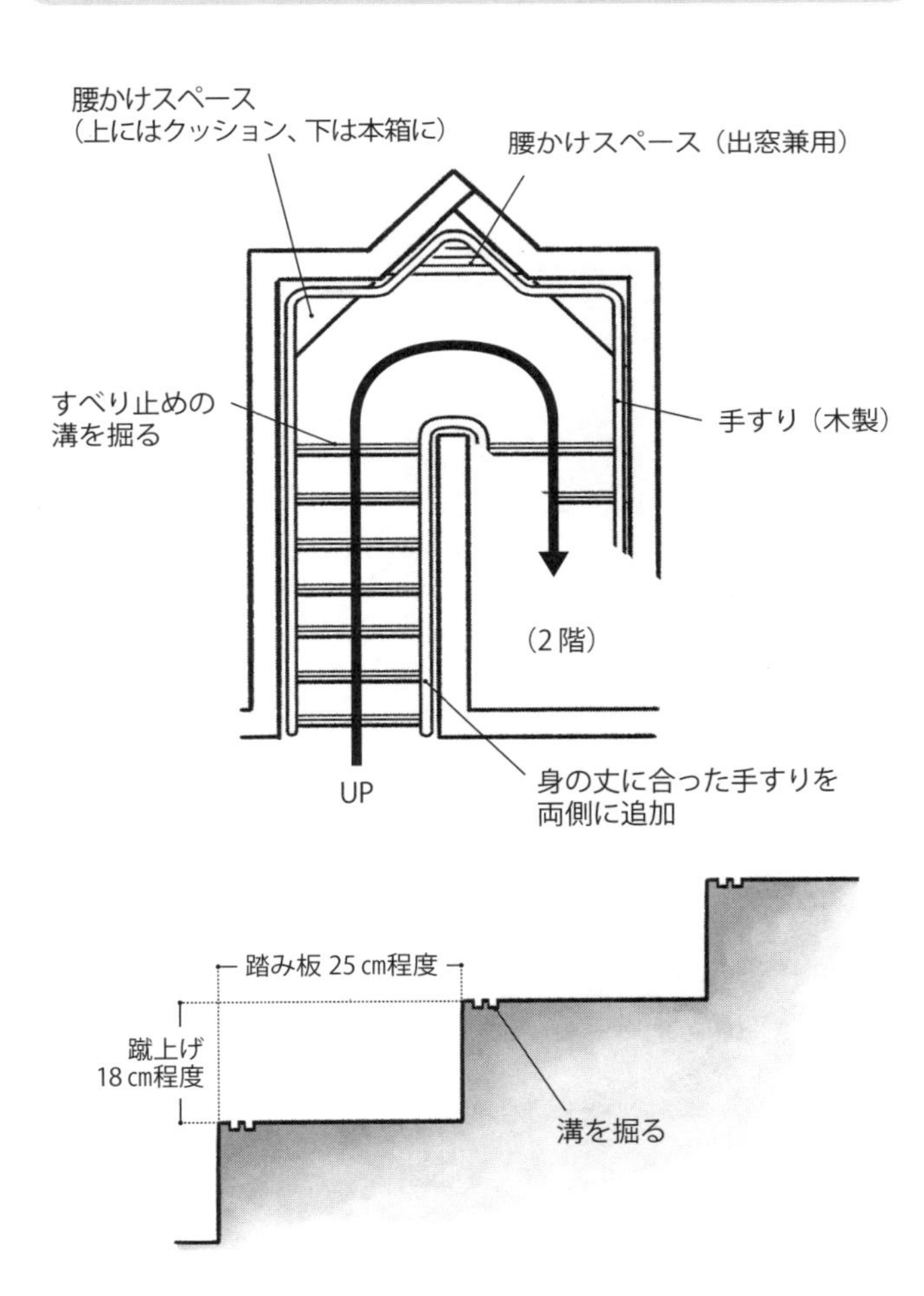

つくってあるから、ちょっとした休憩ができるし、**腰かけスペースの下を小型の本棚にすれば、読書空間にもなる。**

ばあばと手をつないで2階のリビングに入ると、今度はじいじのお迎えである。2階の東南にリビングをつくってあるから、明るい。視界がひらけて、いつも見ている風景が高い位置から眺められるのだ。好奇心いっぱいの孫は、驚きの表情を見せるだろう。

孫を追って、子どもたち夫婦もやってくる。彼らはここに入るのははじめてではない。入居時に、お互いに自分たちが住む空間を紹介しあったのだった。

まだ足腰に問題のない老夫婦の立ち居振る舞いを確認して、若夫婦はちょっと安堵（あんど）の表情を見せるだろう。こういう段階で、マジックドアが開いたことは幸せだなと、お互いに思っているのだろう。

いずれ2階がきつくなったら、親子で交換もできるし、どちらかをまた人に貸してもいい。

57 ホームエレベーターを設置すれば2階でも安心

2階は見晴らし、風通し、日当たりのよさだけではない。安全という視点からも、おすすめだ。地震がきたら2階は壊れやすいのではないか、そんな心配をする人がいるが、それはちがう。

私は、日本の木造建築、あるいは鉄筋コンクリートの建築物の破壊実験に立ち合っているが、**真っ先に崩れるのはやはり1階**なのだ。2階以上の荷重（かじゅう）が1階の柱にかかるためだ。2階は床が落ちることがあるが、2階の屋根が先に落ちてくるということはない。たとえ急いで1階から外に逃げ出たとしても、逃げた方角に家が横倒しになってくるかもしれない。そんな危険があるなら、2階のテーブルの下で揺れがおさまるまで、じっとしていることだ。家が倒れたとしても、そのほうが安全なのだ。

火事の場合は、燃えやすいのが2階の床である。最悪の事態にそなえて、階段を家の外にもう一つつくりたい。**庭におりる滑り台式の避難具があれば安心だ。**また、**1階の天井を不燃材にしておく**こともよい備えだと思う。

ふだんから階段を避けず、足腰を鍛えるトレーニングと心得て、上り下りしていれば、楽しめる人生の時間は長くなる。それでもいつかは、と心配が消せないなら、**ホームエレベーター**という策もある。

58 空間が広がり、心も浮き立つスキップフロア

私は、長寿の家にスキップフロアをつくりましょうとおすすめしている。

スキップフロアという言葉にはなじみがないかもしれないが、**中2階のある空間**といえば、イメージしやすいだろう。

たとえば1階から2階に上がるとき、中2階の高さにフロアをつくり、そこで新鮮な視界の体験をして、さらに残りの半階を上がっていく。

図29　目でも楽しめるスキップフロア

階段の半階下がスキップフロアのリビング

キッチンの奥にスキップ
フロアの小部屋

このフロアに隠れ家のような小部屋をもうけることもできるし、長いテーブルをつけて作業スペースにもできる（図29）。

半階ずつ部屋をつなぐことで、空間に広がりをもたせやすく、各階がちょうど目の高さくらいにくると、立体的なダイアゴナル効果で、上へ、下へと広さ感が増していき、視界が上下にひらける。

上部を吹き抜けにしておけば、経験したことのない空間に自分がいることに、驚くにちがいない。アトリエは、建築の観点からいうと、北向きの大空間ときまっているが、このふしぎな作業スペースの空間を、うちのアトリエ、と呼びたくなる人もいるだろう。

スキップフロアというプランの最大のポイントは、暮らしてみるとよくわかるのだが、**知らず知らずのうちに心が浮き立って、気分が若返る**ことだ。階段の上り下りをおっくうに感じる人も、このプランだとさほどでもない。一つ一つの階段が短いこともあって、むしろ積極的に上り下りしたくなる。家の中で簡単にできる運動には最適だ。

スキップフロアによって、生活や情感に変化が生まれてくる。この情感の変化は、老いと退屈（たいくつ）を遠くに押しやるものだ。

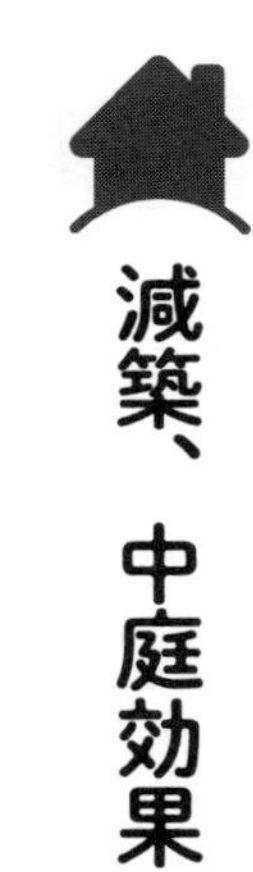

減築、中庭効果

59 子どもの空き部屋や無駄な物置部屋を「減築」する

設計するときに、ほぼ必ずいわれるのが、収納を多くしてくださいね、という一言である。片づかない暮らしは嫌だという意味だが、**収納を多くすればするほど、ものは増える。**

ものを整理して減らすという作業がなされないと、あふれるもののために、増築の検討がはじまったりするのだ。増築すれば庭は小さくなる。それでいいのか。

家の建て替えやリフォームのときは、ものを整理し処分するチャンスなのだが、なかなかむずかしい。

自分たちの親の代からの遺品がある。アルバムや子どもたちがつくった工作や絵といった記念の品々。結婚して家を出ていった子どもたちが置いていったもの。そして、自分たちの生活の歴史をしめすものたち。

捨てきれずに取っておかれるものは、子どもの空き部屋や物置部屋などにつめこまれる。まるで足があるかのように、ものが集まってくる。目に入りにくいから、存在しないとみなせる場所。そこに移動する。

これらが整理されることがなく、住まいのあちこちにまるでコレステロールや動脈瘤のような感じで溜まってくると、たちまち生活が窮屈になる。家の中に、機能しない部分ができてくるのだ。

処分するべきなのにできないものが、自分たちはここに集まっていますと声を上げている。私にはその声が聞こえるのだが、住んでいる人には聞こえない。

長寿の家で、新しい暮らしをはじめるなら、この声を聞くのがよいと思う。すっきりした空間でスタートしたいなら、この溜まってしまった部分を切り取りましょう。こう提案すると、たいがい驚いた顔をされる。**「減築」という発想**が、まだまだみなさんに浸透していないからなのだ。

⑥⓪ 減築して中庭をつくり、「風通しのいい家」に

家をつくるのにお金がかかるのは、建物が高いからではない。土地が高いのだ。せっかく買った土地だ。そういう思いが強い。だから、建ぺい率いっぱいに使って家を建てようとする。これは、住みやすい家にしようという希望とはちがうのではないか。

「地面がもったいない」から**「住みやすさとは何か」へ頭を切り替える**ことが、長寿の家をデザインするための、最初の仕事かもしれない。住みやすい家とは、湿気の強い日本では、風通しのいい家のことだ。これまで再三申し上げてきたとおり。

私の提案は、**減築して建物の平面を「コ」の字、「ロ」の字にする**設計である（**図30**）。囲まれたところが中庭である。こんなに「地面がもったいない」設計はない。建てられるのに、床面積をわざと減らしてしまうのだ。

だが、これこそが減築である。

図30　減築で中庭をつくると風通しがよくなる

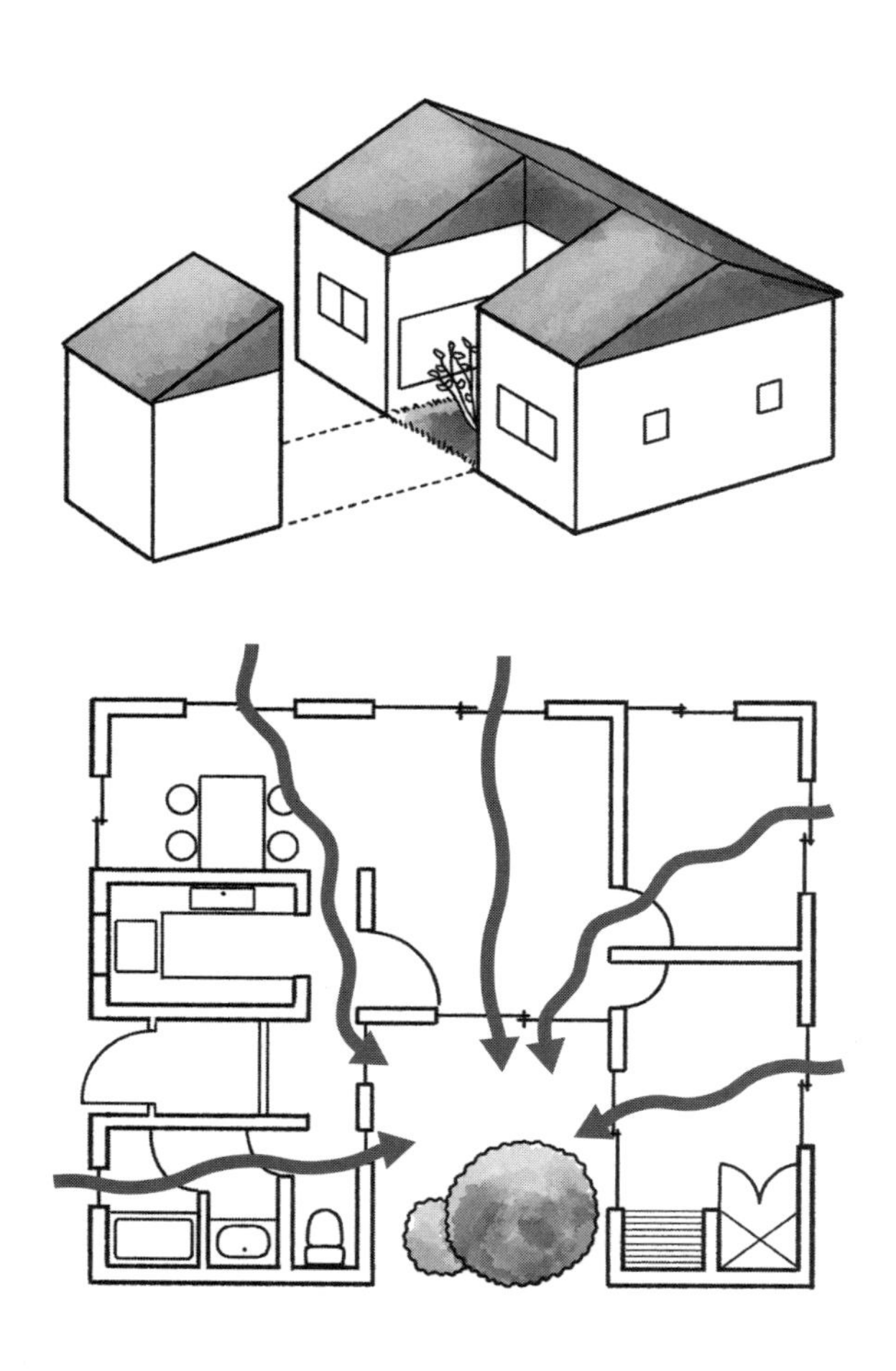

中庭は外部からの独立性が高い。独立性とは、見えない、覗かれないということだ。「コ」の字のひらいた辺にある隣家や道路のあいだには、目隠しフェンスをたてればよい。また、戸や窓が中庭に面していても、街路に面しているのではないから、泥棒にも入られない。自分の家に囲まれた中庭は、完全にプライバシーが保たれる。

中庭プランが素晴らしいなと思うのは、どんなときだろう。

中庭に面した窓をいつでも開けっぱなしでいられる。上は吹き抜けになっているので、室内に自然光がさしこみ明るい。家の中に風の通り道ができ、風をたくさん取り込むことができる。外出から帰ったとき、蒸し風呂のような室内に入らないでよい。梅雨どきでも室内が湿気ってカビ臭くならない。

中庭に面している浴室は、とても気持ちがよいだろう。窓は広いし、中庭の緑を楽しめるし、極楽、極楽である。

61 ガーデニング、ウッドデッキ、光と風を取り込む中庭は癒しの空間

長寿の家に、中庭プランをどう取り込むか。あふれ返っているものをスッキリさせることと同時に、それをおこなうのだ。

「子ども部屋や納戸のような、ものが溜まる部分を切り取りましょう」という私の提案は、なかなか建て主の頭の中にイメージできない。だから、さらに具体的に話をする。その部屋の屋根も取り去りましょう。そうして、北側にコの字のような中庭ができるようにしましょう。建て主さんの頭の中にイメージが浮かび、ハッとして表情がほころぶ。

私はさらに話を進める。光と風が入ってきますよ。中庭では、どんなふうに楽しみたいですか。ガーデニングやミニ菜園もできますよ。芝やタイル張り、ウッドデッキなどにして、椅子でのんびりできますよ。

ここまでくれば、もう私は何もいう必要はない。建て主さんの頭の中にくっきりした中

庭イメージが形成されれば、あとはさまざまな暮らし方の夢が生まれてくるからだ。

この中庭プランは、海外では「コートハウス」（建物で囲まれた中庭のある住宅）と呼ばれている。住宅の密集した都市によくみられるつくりだ。スペイン語では中庭は「パティオ」という。

京都の町家（まちや）にも中庭がある。**建物の内部に庭をもうけると、暗くよどみがちな家の中心部に光が差し込み、風が吹きわたる**ことを、伝統的建築はずっと前から知っていた。

中庭は、光と風以外にも**心理的な住みやすさや癒（いや）しを感じさせる。**

すでに述べた防犯やプライバシーのほか、「家の中の外」という不思議な中庭空間を中心に、家族が心をよせる力をもっているのだ。中庭を囲んで、玄関ホール、リビング、廊下、和室とつながっているとすると、そこにいる家族は全員が中庭を向くことになる。

長寿の家であれば、中庭越しに別々の行動をしている夫婦は、視線の先に連れあいの気配を感じ、安心感と一体感が生まれるのである。

収納、その他

(62) 壁面収納のゴールデンゾーンには、よく使うものを置く

よい収納とは、たくさん収まる収納ではなくて、取り出したいものが、すぐ取り出せる収納である。長寿の家では、特にこのことに留意したい。

みなさんもよくご承知のように、年をとると覚えていられない。どこにしまったっけ？が多くなる。あ、あそこだと思い出しても、それが高いところだったり、奥の方、下の方だったりすると、おっくうで、ま、いいか、になってしまい、用が足せないのである。

シニアの収納のゴールデンゾーンは、肩から腰の高さである。私はこれを「ゴールデン

図31　シニアのゴールデン収納

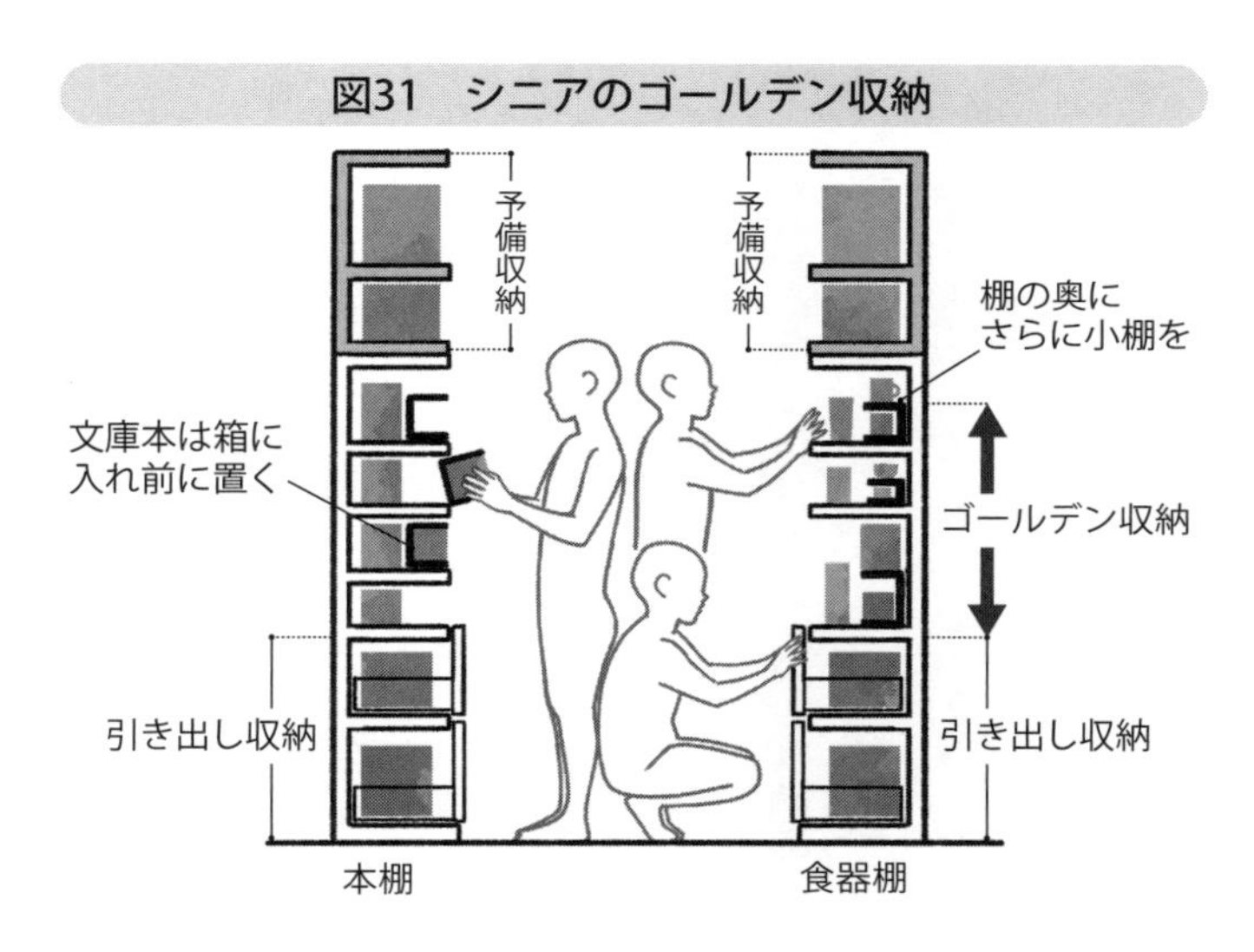

収納」と呼んでいる。手を伸ばせば取れるし、しゃがまないでも取れる（図31）。

ここそがとても貴重なスペースなのに、そこに一年に一回しか使わないお屠蘇セットとか、知り合いの個展で買った一度も使ったことのない深皿が、しまいきりになっていたりする。ふた付きの高台深皿は、制作した本人に聞いても、何に使ったらいいかよくわからなかった謎のシロモノだ。

ころっとした丸さ、文様が刻まれた風合いが気に入って買ったのだから、謎の深皿はむしろしまわないで飾っておくという考え方だってある。お屠蘇セットは、きっちりポリ袋で包んで完全防臭し、使う頻度の低いものを集めた収納に移したらよい。

ゴールデン収納には、日々使うものが最優先。食器類の棚がそうなっていないお宅はないはずだ。

では、衣類や靴の収納ではどうか。これも日々使うものが最優先だが、季節ごとに入れ替える必要のあるものがくる。

引き出し式の洋ダンスは、取り出しやすい人気の収納だが、問題がなくもない。既製品の引き出し収納は、クオリティが高いが高価になる。サイズが置き場所に合うともかぎらない。利点は、床置きになるから、上から中を見ることができて探しやすい。**目線より高い引き出しは使えない。**

長寿の家には、**造りつけの壁面収納の設置**をおすすめしたい。衣類などの軽いものは、その棚に、市販の取っ手付きボックスやカゴを差し込むほうが使い勝手がよいだろう。

靴などの履物も、ふだんは使わないフォーマル用のものなどは、箱にしまって中身を表記し、クローゼットでもよい。

造りつけの壁面収納は、壁に固定されているため、地震対策としても有効だ。特に寝室は、地震で家具が倒れて怪我をすることがないようにしたい。

63 「隠す収納」から「見せる収納」にスイッチする

カウンターの向こうに、キッチンをつかさどる者がいて、その前には、食洗機があり、流しがあり、オーブンレンジがある。そしてその後ろには、天井までの全面造りつけの食器棚。食器棚の脇には冷蔵庫が収められ、中央部のゴールデンスペースには小さな棚があり、そこに炊飯器とかオーブントースターが載せられている。

食器棚には半透明か、床や壁に合わせたモノトーン色の扉がついていて、中は見えない。一面スッキリとしていて、おしゃれである。

これが標準的な「隠す」収納であろう。長寿の家は、これを変えようとする。**「隠す」収納から「見せる」収納へ、**だ。

なぜそうするのか。一つは、使わないものは整理する、つまり処分、捨てたり、リユースするのだ。そして、厳選された食器、グラス、ティーカップ類だけをのこして、それを自分たちで楽しみ、来客にも楽しんでもらう。

スタンドバーのバック棚のきらめきを、長寿の家で楽しもうということである。

選んだ食器やグラスは、カウンターの来客によく見えるかたちで収納する。半透明やモノトーンの扉は透き通ったものに変える。棚の中のディスプレーは、積み重ねるという実用一点張りではなくて、美術館、博物館のショーケースを参考にして配置する。

これが**長寿の家の、暮らしを楽しむ見せる収納**である。

徹底した見せる収納では、使用頻度の低い皿やカトラリー類は収納しているが、あとはすべて出ている。鍋類が上からぶら下がったり、あらゆる調味料がずらっと並んでいたり、これが私のすべてよ、という感じのものだが、これをやると掃除が大変である。つねに汚れを拭き取り、あらゆる棚をきれいに維持するのが仕事になってしまうから、その道のプロ以外にはふさわしくない。

長寿の家の見せる収納は、お客さんに、好きなお茶碗を選んでくださいね、どのグラスで乾杯しましょうか、というあたりにとどめるのである。

死蔵しているものはない。これがポイントである。見えない場所にしまわれたものは、「存在しない」ものになってしまうのだ。

64 脚立はやめ、手の届かない上部は予備スペースに

壁面収納は、床から天井までの全面仕様が倒れる心配もなく、壁面利用の効率もよい。ただし**長寿の家では、取り出すための脚立利用は望ましくない。**

そもそも脚立の正しい使用法は、あまり知られていないだろう。脚立は、一番上の天板に乗ったり、またがったりしてはいけないのだ。置き方も、作業面に対して横置きではなく、脚立の昇降面を正対させて置かなければならないのだという。

やはり、シニアには転倒の危険がある脚立はあぶないのである。階段と違って支えるものはないし、慣れているから大丈夫と思っていても、バランスをくずして落ち、腰を強打した、などという話はよく耳にする。

だから**壁面収納の手の届かない上部は、予備収納スペース**としておき、通常は使用しないほうがよい。この造りつけの壁面収納をつくると、いくつもの高さの違った、奥行きが

デコボコした収納家具を置かないですむので、動きやすい。なにより、壁面がすっきりとすべて見わたせるようになって気分がよい。

壁面収納のゴールデンゾーンは、限られたスペースとなるから、必要なものの選別が重要となる。二人でよく相談して、どれをここに入れるか選び抜いていくとよい。使用頻度のやや低いものがその周辺に集まってくる。選別のプロセスで、暮らし方のイメージが固まってくるだろう。

65 床下収納は落とし穴の危険。腰から下は引き出し式収納に

床下収納はすすめられない。かがんでものを取るのは苦しいし、腰や膝に負荷がかかる。バランスをくずして転落の危険がある。床下から重いものを持ち上げようとしたら、それこそ体のどこかがブチッといきかねない。

危険はほかにもある。実際に起こった話をしよう。**床下収納のふたを開けたのを忘れて、**

ほかの用を足し、もどってきたら、そこに転落したのだ。長寿の家で、こんな事故があってはならない。床下収納は塞(ふさ)いでおくにかぎる。

収納は、しゃがまない収納にする。ゴールデン収納の位置、つまり肩から腰の高さで、手を伸ばせば届く位置に収納を集中させるのだ。

腰から下の収納は、上から全体を見て取り出せる引き出し式収納にするといい。なお、引き出しは腰から下が基本で、目線が届かない上部には適さない。

納戸にものを床から積み上げてあったら、ゴールデン収納になるよう、収納の意識から変えなくてはならない。

あるいは、納戸そのものを減築の対象にして、取り除いてしまう。もし、ここに小さな坪庭がつくれれば、憧れの中庭のある、風通しのいい住まいが生まれるだろう。考える道筋の先に理想を置いておけば、こういう奇跡が起こるのだ。

66

家相は気の通り＝風通しが大事。日当たり、騒音も考える

家相とは何か、その説明ができなくても、鬼門（きもん）という言葉は耳にしたことがあるだろう。では、鬼門はどこのことをさすのかと尋ねると、首をひねる。このあたりが現代の日本人の平均的知識だと思う。

私は、家相を考慮して設計するかといえば、もちろん考慮している。**現代の家相は、太陽の当たり方、風の入り方、騒音、隣の視線、防火・防犯などを考慮した住みやすい部屋の配置のこと**だと考えているからだ。

おもしろいことに、こうして設計すると、住んでから相当に年月が経ってから、家相的にいいところに水回りがあったり、玄関があることを発見して、感謝の手紙をいただいたりする。

とはいえ、年をとって気が弱くなると、運勢や家相が気になる人が出てくる。そんなこ

とから、家相を気にしろというのではなく、家相を信じる人から見ても文句のつけようのない基本だけは守っておいたほうがいい。

すべてを家相にしたがってつくる必要はないのだが、家相は鬼門・裏鬼門と玄関、トイレ、レンジの位置だけは見ていたほうがいい、というのが私の設計方針である。

図32は十二支による方位を基準に、どの方角に何を置くと吉か凶かが簡単にわかる天野式家相盤だ。

家相でいう**鬼門は、北東に当たる位置**を指す。玄関は鬼門は避ける。北東から冷たい風がビュービュー吹いてくる玄関で、来客の相手をするのはつらいにきまっている。ドアが強風でバタバタすれば、指を挟まないともかぎらない。

裏鬼門は西南に当たる位置で、西日がきつく当たるところだ。空気が停滞して、ものが腐りやすい。だから台所やトイレは避けるとされているが、住みやすさを考えて設計すれば、おのずとそうなるだろう。

東は太陽が昇る方角で、朝早くから明るくなる。そのため、**東南はとても縁起がよい**と

図32　天野式家相盤

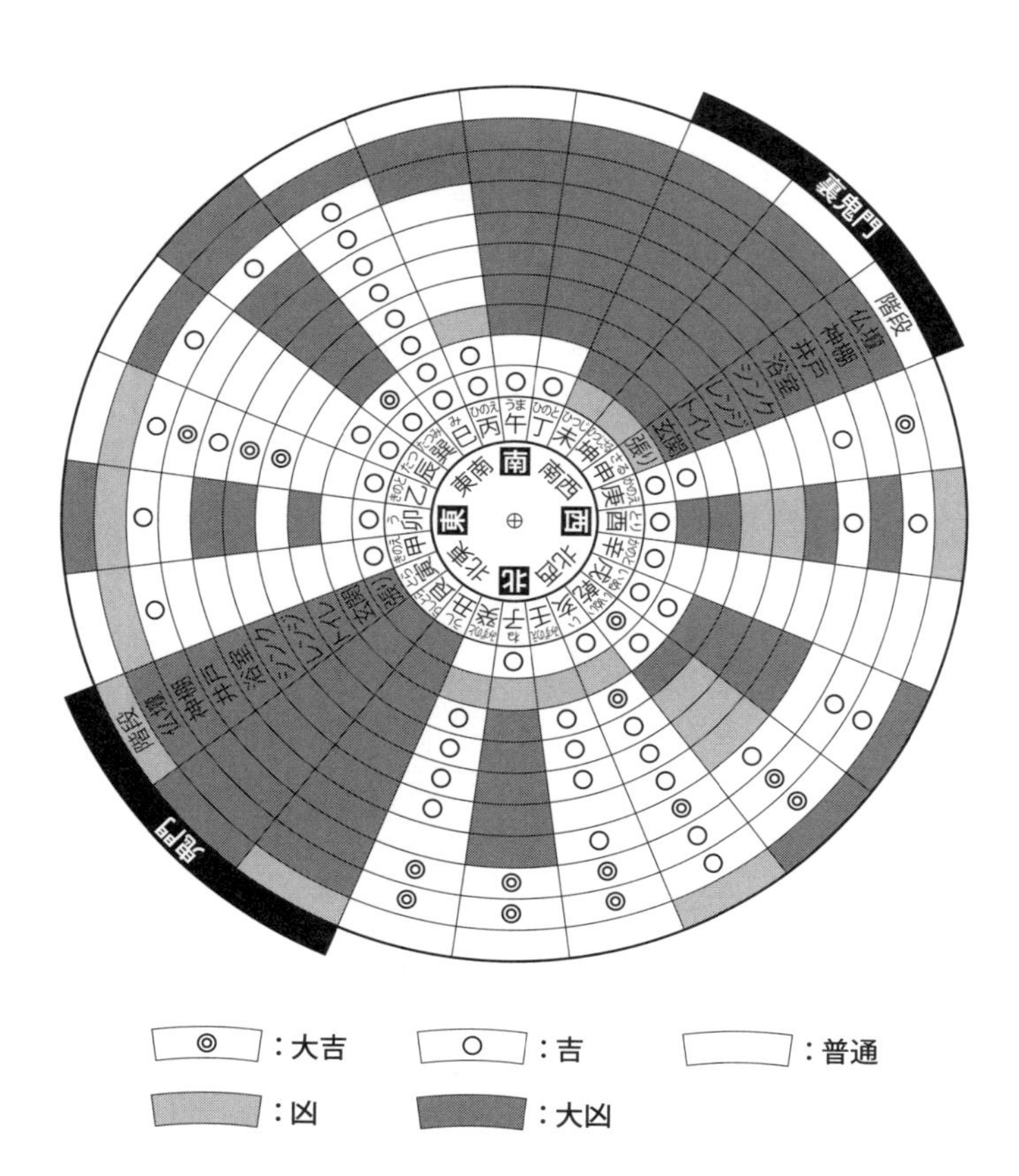

家相家 10 人に聞いてまとめた家相盤。
盤の内側から、張り（家の出っ張っている部分）、玄関、トイレ、レンジ、シンク、浴室、井戸、神棚、仏壇、階段の 10 項目について、その方角にあると障りがあるか否かがひと目でわかる。
盤の中心に家の中心を重ね、方位を合わせて見る

され、だいたいのものはＯＫである。

こうして見ていくと、**家相は気で、気の通りを大事にすること**だとわかる。気は、通気の気であり、陽気の気であり、元気の気でもある。そういう意味では、家相はプランづくりの中核にあるものだ。

だから、私は家相を〝影の建築基準法〟と呼んでいる。私の考える家相は、一に風通し、二に風通し、三四がなくて、五に風通しである。家相を重視すれば、長寿の家の住人も、日々の行動も変わってくるはずだ。

外出から帰ったら、まずは窓を開けて、気の通りをよくする。つまり、風を家中に十分に通してから、おもむろにエアコンをつけるのである。

第4章

家でいきいき暮らすための
ひと仕掛け

67 壁面収納を利用して夫婦の歴史を見せるプライベートミュージアム

長寿の家には必須ではない収納が、少なくとも3つある。

一つめは押入れ。大きくて奥行きが深い。そもそも押入れとは、その名のとおり、布団を奥まで押して入れる収納なのだ。奥には手が届かないことが前提の収納である。ベッド生活であれば、使い道がない。

次に天袋。高くて、踏み台、脚立を使いたくないシニアには届かない。そして天井裏収納。物を取り出すことは二度とない収納部分である。

私がおすすめするのは、**浅い収納**である。

手を伸ばしたら届く高さの、あのゴールデンゾーンの収納だ。それをリビング、ダイニング、寝室、廊下のような各壁面につくるのである。**目線を中心としたこの浅い収納を、夫婦のさまざまな記念のもの、趣味のもの、作品でいっぱいにする。さらに、残りの廊下**

や階段の壁面いっぱいに、思い出の写真を飾る。

まさに「二人のミュージアム」である。

高齢になるまで生きてきた人だけがもっている素晴らしいもの。若い年代にはとても追いつかないもの。それが歴史なのだ。積み重なった長い時間、浮き沈みのあった人生の歴史である。懐かしさがこみあげてくる時代の記憶である。

これほどの展示も、見慣れてくると、目に入らない風景になる。何か工夫はないものか。美術館や博物館の好きな方には、すでにご承知のように、展示はかならず綿密に企画され、焦点（しょうてん）をしぼって見せている。長寿の家のプライベートミュージアムも、何かの視点が感じられたらおもしろい。

このミュージアムは、自分たちだけが楽しむのではなく、お客様も楽しませるものでありたい。昔、写真はアルバムに貼っていた時代、いちいち自分で自分につっこむキャプションを書き入れている人がいたが、見せられるとちょっと往生したものである。

大げさにいえば、**長寿の家のプライベートミュージアムにも、味つけとして普遍性、社会性が必要**なのだ。

たとえば、ファッションを中心に据えたり、年代や景気の浮き沈みを思い出させる工夫をしたり、訪問客との会話がどんどん広がっていくものでありたい。

ああ、こういう時代があったよね。とか、このころ私は……、など話のきっかけになるものを仕掛けておいてはどうか。

そろそろ、この展示を替えますか？　そうね、私、こういうアイデアがあるんだけれど……。こういう夫婦の会話もなかなか好ましいではないか。

⑥⑧ ワインセラー、茶の炉、自宅に趣味のスペースをつくる

長寿の家の中に、**趣味のスペースがあったら毎日が楽しいに違いない**。そのスペースで、二人が向かい合い、あるいは並んで、あるいは少し離れて気配を感じながら夢中になっている。そういう時間が、毎日ちょっとでもあったら素敵だろう。

年をとってから、日本の伝統に目覚める人が多いのである。男性の場合は、生け花をは

じめる人はあまり見ないが、茶や能楽に興味をもつ人は多い。テレビ番組の影響か、近年は俳句も人気である。

年を重ねると、忙しいときには気がつかなかった感覚が、いろいろわかってくるのだ。神社仏閣の奥にある茶室や、その調度を見たいという心境になって、実際に茶器を手に取って見る。すると、その奥深さがなんとなくわかってくる。茶室の味わいも感じ、京都という古い都のもつ、奥の深さにも惹かれるようになる。

あるいは、ワインの複雑な味わいに、フランスやイタリアなどの食文化の深さを感じる人もいるだろう。

これらは、みんな年をとった一つの兆候だが、これをきっかけに、作法をていねいに味わい、精神の高揚に役立つなら、こんな素晴らしいことはない。

茶の湯のスペースといえば茶室。まさか、いきなりそこまで飛んでしまう人はいないと思うが、これはちょっとハードルが高い。

あるグラフィックデザイナーが小さな土地を手に入れ、３階建ての自宅をつくった。コンクリート打ちっぱなしで、地中海周辺の国々を旅したときに手に入れた美しい皿やら置物を外壁にはめこんだ。隣のお宅に挨拶に行くと、ご老人がでてきて、新築の家を見てくれた。これだけの家をつくるのは高かったでしょうな、といった。そして、自分の家の庭を指差し、あそこに小さな小屋みたいなものがあるでしょう、あれをつくるのは、お宅よりずっと高いよ、といった。

これが茶室である。

長寿の家では、実質的にお茶が点（た）てられるようにすればよいのだ。**和室を改造して炉（ろ）を切る。**ここまでやれば上等である。

べつに炉はなくてもよい。古道具屋で茶釜が手に入れば最高だ。炭で沸かした湯で茶を点てて、夫婦で楽しむことさえできればよいのだ。茶碗が自作であればそれも愉しい。いつか、自分で水屋（みずや）をつくってやろうと思いながらの一服は、また格別なものである。

日本人は「見立て」という楽しみ方を知っている。床の間ではないが、床の間に見立てる。そこに二人で川沿いに散歩したときにつんできた秋の花を一輪、投げ入れる。なにか、空気がすっかり変わってしまったのを感じるのだ。

ワインセラー（温度と湿度が調節できる）も、理想の環境をいえば洞窟（どうくつ）の中だろうが、そんなものがあるはずがない。まずは、ワインクーラー、そして赤のボトルを横に差し込んで並べることのできるワインラックがあればよい。

きょうの料理にはこれだね、そういって1本引き出してきて、ソムリエ用の栓抜きを操り、コルクを引きぬく。大ぶりのワイングラスに少量注ぎ、テーブルの上でくるくる回す。立ち上ってくる香りを味わい、なんと表現しようか考える。

得意そうな夫を、妻はカウンターの向こうから、はたしてどんな顔をして見ていることやら。

⑲ 積極的な趣味生活では、ＬＤＫが教室になる

趣味というものは、体質や過去の経験と関係があるから、夫婦がかならずしも同じ趣味をもつとはかぎらない。専用の道具と一定の広さの場所、専用の設備を必要とする趣味を、同じ空間で楽しむのはむずかしいかもしれない。

陶芸は、教室やアトリエなどで比較的習いやすいので、経験のある人も多いだろう。油絵、水彩画はどうか。学校時代に美術部だった人もいるはず。料理はお手のものという人がたくさんいる。バンドで鳴らした人もいるだろう。海外留学で語学の堪能な人もいるはずだ。

長寿の家には子ども部屋は必要なく、自分たちがメインの家なのだから、**妻の部屋、夫の部屋を、それぞれの趣味の部屋にする。**より積極的に趣味生活を考えよう。

夫の寝室、妻の寝室と併設するように夫の工房、妻のアトリエができてくる。

せっかく身につけたものを、錆びつかせてしまってはもったいないから、知人、友人や、近所の子どもたちに教えたくなる。リビングルームは、寺子屋のような教室になるかもしれない。キッチンもダイニングもふくめてお料理教室になる。

リビングを教室にすると、生徒が通ってくるから、夫婦のプライベートのトイレや浴室、洗面は、寝室に近いところに別につくったほうがよいだろう。自分たちだけのちょっとした夜食用のミニキッチンがあれば理想的だ。

この流れを見るとわかるが、**1階は公的なスペース、2階はプライベートスペースとい**

う公私の切り離しが進んでいくのである。１階に子どもたち家族が住む生活が、いつかくると想定している読者なら、最初から１階を３ＬＤＫや４ＬＤＫのプランにしておいたらどうか。こうしておけば、他人に貸すこともできる。

そうなると、２階は、自分たち専用の居室だけの間取りになるだろう。夫婦専用の寝室。趣味の部屋。キッチン。バス・トイレ。そして夫婦専用の、フレキシブルに使えるリビングルームである。ここが長寿の家の中核となる。

これだけの大きな構えがあれば、まあ、たいがいの趣味は活かせるだろうが、小さくはじめて、長く楽しむのが王道という考え方もあるだろう。

⑰ 防音シャッター、サッシ、換気扇で「おうちカラオケ」

畳と取り外し可能な障子(しょうじ)、襖(ふすま)で仕切った田の字設計の、変幻自在の伝統的な日本家屋から、現在の洋風３ＬＤＫ式の固定した間取りに変わって、**いちばん形骸化しやすく、使い**

こなせていないのがリビングである。

誰がいつ弾いたのかもわからないピアノがでんと据えてあり、棚には飾ったままのウイスキーやブランデーのボトルが並んでいる。家族の誰も座らない巨大なソファが、部屋の真ん中にドカンと置いてあり、太鼓腹の男がごろ寝をしている。

リビングにはアミューズメントがないのである。

長寿の家のリビングを、本格的なアミューズメントのスペースにするのもいい。

大画面のテレビを置く。プロジェクターで100インチの大型スクリーンに映写する。カラオケ装置付きのオーディオルームにする。

音質もボリュームも上がっているから、**防音の配慮がいる**だろう。ガラス戸の外に、防音シャッターをつける。ガラスの内側は分厚いカーテンにする。サッシを防音タイプにする。換気扇から音がもれないように、防音換気扇にする。

こうすれば、「おうちカラオケ」で、思いきり二人で好きな曲を歌うことができる。世界中の人が楽しんでいるカラオケは、日本人の発明した、元気をよみがえらせる奇跡の楽しみなのだ。

71 壁が夫のデスク、妻のデスクに変身する「壁面書斎」

こういうアイデアは、家の構造を知りつくしている建築家でなければ考えつかないだろう。そのなかでも、せこいくらいに工夫が大好きな、私のような者でなければ、言い出しはしないだろう。

自画自賛だが、**「壁面書斎」というマジック**を考えだしたのは、勲章(くんしょう)ものだ。**奥行き10センチの書斎**である。どこにつくるかというと、壁の中なのだ（**図33**）。各部屋を区切っている間仕切りの壁。この壁の厚さが10センチほどだ。壁の中は空洞になっている。いってみればデッドスペース。これを利用する。

まず、デスクの幅を目安に、一方の側から壁をくりぬく。そこに棚と跳(は)ね上げ式のテーブルを取り付ける。さらに鍵のついた観音開きの扉をつける。扉を閉めておくと、ただの

図33　リビングにもうけた壁面書斎（左端）

クローゼットのように見える。

この扉の内側には、引っかけのフックがつけてあり、引き出したテーブルをフックにかける。テーブルはそこで固定される。棚には、ノートパソコンや本、ＣＤ、そのほか自分の趣味のもの。厳選されたもので構成された、立派な書斎である。たった10センチの壁の中なのに。

椅子にこしかけると、両側に開いた扉が目隠しになって、妙に落ち着くというおまけまであるのだ。これが壁の中の夫用の書斎である。

妻用の書斎も、同様に仕切りの壁の中につくる。**書斎兼家事スペースにしてもいい。**

用途に合わせて、扉の仕様を変える。

扉は片面だけ開くタイプにする。テーブルを作業しやすい横倒しの細長い板にする。こうしておくと、作業途中でも、そのまますっとしまえる。

自分の用途にふさわしい簡単なカゴ、引き出しを取り付けておくのもよいだろう。アイロン前の布類をとりあえずそこに入れることができる。

このアイデアを採用したお宅はたくさんあり、みなさんに喜ばれている。

72 人を招いて、おいしいものを食べて若返る

新築やリフォームをして、そのお披露目（ひろめ）で友人、知人を招く。これは、楽しい催しとして、ごくふつうにおこなわれることだ。人が集まるのは素敵だ。集まった人も招いた人もニコニコして、おおいにしゃべっている。これもふつうのことだ。

私が手がけた家では、これがずっとつづくのである。人が集まることをテーマにした設

計が多いためだ。
たとえば、**キッチンをアイランド式（キッチンが壁から独立したタイプ）にする**（図34）。料理教室の調理台をイメージしてもらえれば、おわかりになるだろう。調理台がそのままテーブルになる。足りなければ、そこにテーブルを置けばよい。

あるお宅では、夫や料理好きの友人に手伝ってもらって、料理教室を開いてしまった。集まった友人たちも、それぞれ得意の料理があり、今度はイタリアンをお願い、とか、その次はエスニックもやりましょうね、と、以来、持ち回りで楽しく教室を開いているのである。

人を招くことは若返りの秘訣である。これはそんな経験から生まれた言葉だが、しょっちゅう人が来るから、いつもきちんとメイクするし、ファッションにも気をつかう。つまり現役がつづくので、老いる暇などないのだ。

人が集まるとき、いかに和気あいあいに見えても、小さなトゲのある言葉をつい吐いてしまうこともある。小さなトゲほどやっかいなのだ。気にしていないふりをしていなけれ

図34　アイランドキッチン

アイランドキッチンにカウンターやテーブルをつけて、人が集まる社交型キッチンに

ばならないし、そのくせ、気にしないではいられない。

人が集まれば、三々五々、必ず誰かの批評がはじまる。それもその場ではなく、その人がいなくなったあとで。生活の場では、批評と噂（うわさ）話は同じである。じつは、この刺激こそ人生の現役である証明だ。

なんにも気にしない、あるいは気づかない大物もいるが、デリケートで繊細な人もいる。したがって、対応はいろいろ。感情をコントロールしつつ、夜の紅茶をいただきながら、二人でそのシーンを検討し合う。人物批評がはじまり、人生論に発展する。青春時代のように、話し尽くし、聞き尽くす。映画やドラマなら、しぶい見せどころであろう。

結論はわかっている。次を楽しみましょうね、である。**人が集まるときには、必ずおいしいものを用意しましょう、である。**集まった人たちといっしょに、おいしいものをいただくこと以上に、和やかになる秘訣はあるだろうか。

おいしいものには、魔法の力がこもっている。アイランドキッチンで開いた料理教室には、この条件がはじめからあるが、どんな集まりでも、おいしいものの魔法を利用したいものだ。長寿の家は、叡智（えいち）の家でもある。

⑦③ 60代女子会ができる社交型キッチンに

かつて、台所は土間にあった。うす暗く寒い土間にはかまどがあり、稲わらや薪（まき）をくべて火をおこし、米を炊いた。次に台所はキッチンとなって、板の間に上がった。流しの前には窓があり、横にはガス台があり、家族に背を向けて、一人で食事の支度をしていた。

キッチンをダイニング側に向けた対面式キッチンは、それゆえ画期的であった。次の画期的変化がシンク、コンロ、作業台、収納が一体化したシステムキッチンだ。

そして、私が提案しているのが、「社交型キッチン」である。**キッチンをみんなが集まってわいわい楽しめる空間に発展させる**のである。第2章で語ったリビングキッチンの一種でもある。

いまや妻は、自宅で女子会を開いてみんなを楽しませるパワフルな社交家だ。女性は子どもが手を離れて以来、社交の腕を磨いてきているから、社交型キッチンでみごとにホスピタリティを発揮している。

ではその夫は？　影が薄いのではないか？　おおかたの妻は、もう夫を気にはしていない。むしろ、ヘマをやってほしくないから、引っこんでいてもらいたいのが本音かもしれない。

長寿の家の夫たちは、この現実から出発する。社会人、いや会社人ではあったが、個人ではなかったというツケを、いま、払わされているのだ。

だが、悪い事態ではない。この難問に雄々しく立ち向かうかぎり、妻が亡くなったら、とたんに生きる気力も失せて、一年もたたずに後を追うようなことはなくなるだろうから。

㊹ パーティー好きにおすすめのジャンボテーブル

私は、飲み食いしながらの宴会が好きなので、どうしても自宅にほしかったものがある。**ステーキや焼きそば、お好み焼きができる鉄板を組み込んだ、ジャンボテーブル**である。これを囲んでたくさんの人が楽しんでほしいから、10人は座れるようにする。

うちの長寿の家には、そんな大きなものはいらない、といわれるかもしれないが、大は小を兼ねるのだ。少人数でも何も問題はない。

このジャンボテーブルをキッチンまで伸ばして、流しやレンジ、冷蔵庫がまわりを取り囲むようにすれば、キッチンとテーブルが一体化したテーブルキッチンとなる。

ＬＤＫの真ん中にジャンボテーブルを据えれば、かつての囲炉裏端（いろりばた）が現代風の装いで出現する。鉄板の上部にはデザインされた換気フードがあるから、部屋の空気は汚れない。

ここに集まった友人たちが、思い思いに食べたり騒いだりするバーベキューコーナーでもある。

さて、これだけの設備を整えたら、どうしたって人を招かないではいられないだろう。呼ばれてここで楽しんだ友人たちも、このうちとけた味を忘れられないだろう。

何かで人が集まる必要があると、ここが思い出され、じゃあ、あそこに集まりましょう、となるのが目に見えている。

こうしたパーティーが楽しいのは間違いないが、大変なのはその準備と後片づけである。こういうときは、自分は場所だけ提供しているという構えが望ましいだろう。つまり、準備も後片づけも参加者総出でやるのだ。

１回目は招待するが、次回からは持ちよりにする。持ち寄りにすると、後片づけは当然のように総がかりになる。さらに友好が深まる。

まあ、それでも食器などの収納の場所が違っていたり、小さなスプーンが流しのごみの中に落ちていたり、こまごました問題は起こる。そんなことは小さなことで、静かになった長寿の家で、二人でパーティーを思い出しながら、チェックすればすむことだ。

もし**お好みなら、本格的な囲炉裏端空間にすることもできる**。まわりを畳敷きにして、炉のテーブルで魚や野菜を焼く。うまい酒を飲む。眠くなれば、そのままごろりと横になる。布団を敷いて友人をそこに泊めることもできる。

私は、家が好きで、こういうアイデアはいくらでも湧いてきて止まらなくなるのである。長寿の家づくりの原点は、この、好きで好きでという感情であろうか。

著者略歴

１９４３年、愛知県に生まれる。建築家。一級建築士事務所アトリエ４A代表。日本大学理工学部経営工学建築科を卒業。「家は人と同じで一軒一軒違う。家族に合った家をつくる」をモットーに、生活に密着した家づくりやリフォーム、医療福祉施設の設計監理を手がける。建築家集団「日本住改善委員会」、「住まいと建築の健康と安全を考える会」などを主宰し、テレビや講演、新聞、雑誌などを通して「住まいの健康と安全」についても積極的に発言している。通産省産業構造審議会委員、厚生労働省大規模災害救助研究会委員、シニア社会学会理事などを務める。

著書には『六十歳から家を建てる』（新潮選書）、『転ばぬ先の家づくり』（祥伝社）、『「おひとりさま」の家づくり』（新潮新書）、『３，０００軒を設計した建築士が教える 50代から生涯暮らすリフォーム』（KADOKAWA、天野彰人との共著）などがある。

https://www.amanoakira.com

65歳からの長寿の家のつくり方
——74のこだわりポイント

二〇二四年九月六日　第一刷発行

著者　天野　彰
発行者　古屋信吾
発行所　株式会社さくら舎　http://www.sakurasha.com
東京都千代田区富士見一-二-一一　〒一〇二-〇〇七一
電話　営業　〇三-五二一一-六五三三　FAX　〇三-五二一一-六四八一
編集　〇三-五二一一-六四八〇　振替　〇〇一九〇-八-四〇二〇六〇
装丁　村橋雅之
本文図版制作　森崎達也（株式会社ウエイド）
本文DTP　田村浩子（株式会社ウエイド）
印刷・製本　株式会社ブックグラフィカ

ISBN978-4-86581-438-5